360张图表读懂 6S精益管理

郑时勇　主编

化学工业出版社
·北京·

内容简介

《360张图表读懂6S精益管理》是一本全面介绍6S管理方法的实用指南。全书通过360张直观易懂的图表，系统阐述了6S管理的核心理念与实践步骤。从开展6S活动的初步认识到各阶段的详细实施步骤，再到具体的推行方法，本书均有详尽的解读。

书中分九章分别介绍了整理（Seiri）、整顿（Seiton）、清扫（Seiso）、清洁（Seiketsu）、素养（Shitsuke）、安全（Safety）这六大要素的实施要点与技巧，帮助读者全面理解和掌握6S精益管理的精髓。无论你是企业管理者、生产主管，还是对6S管理感兴趣的职场人士，都能从本书中获得实用的知识和宝贵的经验。

图书在版编目（CIP）数据

360张图表读懂6S精益管理 / 郑时勇主编. -- 北京：化学工业出版社，2025.3. -- ISBN 978-7-122-47107-9

Ⅰ.F407.406.2-64

中国国家版本馆CIP数据核字第2025VS9852号

责任编辑：陈 蕾　　　　　　　　　　　　装帧设计：溢思视觉设计／程超
责任校对：田睿涵　　　　　　　　　　　　E-mail: isstudio@126.com

出版发行：化学工业出版社（北京市东城区青年湖南街13号　邮政编码100011）
印　　装：三河市双峰印刷装订有限公司
787mm×1092mm　1/16　印张17¼　字数378千字　2025年5月北京第1版第1次印刷

购书咨询：010-64518888　　　　　　　　　售后服务：010-64518899
网　　址：http://www.cip.com.cn
凡购买本书，如有缺损质量问题，本社销售中心负责调换。

前言

　　在当今竞争激烈的市场环境中，企业追求卓越管理的步伐从未停歇。无论是坚守经典的5S（整理、整顿、清扫、清洁、素养）管理框架，还是在此基础上融入安全、节约、服务、满意度等元素，进化为6S、7S乃至更高层次的管理体系，其核心目标始终如一——优化现场管理，重塑企业形象，最终驱动企业迈向高效益、高产出的可持续发展之路。

　　我们常常看到，即便企业坐拥顶尖的生产设备与先进的技术工艺，若缺乏科学有效的管理策略，生产现场也可能陷入混乱无序的状态，工件散落、流程不畅，导致生产效率大打折扣，员工士气低落，成本居高不下。而6S管理，作为一套系统全面的现场管理方法论，正是那把解锁高效生产、重塑企业活力的金钥匙。它不仅聚焦于物理环境的整理与改善，更深刻触及员工行为习惯与职业素养的提升，为企业的长远发展奠定坚实基础。

　　然而，不少企业在尝试推行6S管理时，往往因其看似琐碎、细微的改善步骤而心生退意，从而错失了这一宝贵的管理升级机遇。《360张图表读懂6S精益管理》一书，正是为了填补这一空白而生。本书通过精心挑选的360张图表，以直观、生动的形式，全面而深入地揭示了6S管理的每一个细节与精髓，让复杂的管理理论变得触手可及，易于理解和实践。

　　我们深知，管理的真谛在于细节，而细节之处往往蕴藏着巨大的力量。本书采用图文并茂的方式，以浅显易懂的语言搭配直观形象的图表，将6S管理的精髓与操作技巧娓娓道来，通过丰富的视觉元素，使读者在轻松愉悦的阅读体验中，掌握管理精髓，将所学知识更好地应用于实际工作中。

　　此外，本书还特别强调了6S管理的实操性，不仅传授理论知识，更提供了丰富的实战案例与操作指南，帮助读者快速上手，将6S管理的理念与方法转化为企业实实在在的生产力。我们相信，通过本书的指引，任何企业都能成功推行6S管理，实现现场管理的飞跃，从而为企业的发展注入新的活力与动力。

　　由于笔者水平所限，不足之处敬请读者指正。

编者

目 录

第1章 开展6S活动的认识

第2章 6S活动推广的步骤

第3章　6S 的推行方法

第4章 整理（Seiri）的实施

第5章　整顿（Seiton）的实施

第6章　清扫（Seiso）的实施

第7章　清洁（Seiketsu）的实施

第8章 安全（Safety）的实施

第9章　素养（Shitsuke）的实施

第 **1** 章

开展6S活动的认识

1.1　6S概述

1.1.1　6S的起源

"5S"是整理（Seiri）、整顿（Seiton）、清扫（Seiso）、清洁（Seiketsu）、素养（Shitsuke）五个词的缩写。再加上安全（Safety或Security）的第一个英文字母也是"S"，把它简称为"6S"，开展以整理、整顿、清扫、清洁、素养、安全、节约为内容的活动，"6S"活动具体内容如表1-1所示。

表1-1　6S的定义

中文	日文	英文	一般解释	精简要义
整理	Seiri		整理	分开处理、进行组合
整顿	Seiton		整顿	定量定位、进行处理
清扫	Seiso		清扫	清理扫除、干净卫生
清洁	Seiketsu		清洁	擦洗擦拭、标准规范
素养	Shitsuke		素养	提升素质、自强自律
安全		Safety	安全	安全预防、珍惜生命

5S活动最早在日本开始实施，日本企业将5S活动作为管理工作的基础，推行各种质量的管理方法，第二次世界大战后，日本产品质量得以迅速提升，奠定了经济强国的地位，而在丰田公司的倡导推行下，5S对于塑造企业形象、降低成本、准时交货、安全生产、作业标准化、工作场所和现场改善等方面发挥了巨大作用，逐渐被各国的管理者所认识。随着世界经济的发展，5S已经成为工厂管理的一种常规管理手段。

根据企业进一步发展的需要，有的公司在原来5S（整理、整顿、清扫、清洁、素养）的基础上又增加了安全的要素，最终形成了"6S"管理。

1.1.2　6S活动的内容

1.1.2.1　整理——Seiri

整理就是将必需品与非必需品区分开，在必需的场所只放置必需品，不需要用的清出工作场所。整理的作用如图1-1所示。

整理不是仅仅将物品打扫干净后整齐摆放，而是"处理"所有可疑物品。根据现场物品处理原则，只留下需要的物品、需要的数量。

如图1-2所示为整理前后的对比。

可以使现场无杂物，行道通畅，增大作业空间，提高工作效率

减少碰撞，保障生产安全，提高产品质量

消除混料差错

有利于减少库存，节约资金

使员工心情舒畅，工作热情高涨

图1-1　整理的作用

图1-2　整理前后的对比

1.1.2.2　整顿——Seiton

整顿就是将必需品依规定的定位、定量摆放整齐，明确标示，以便于任何人都能很方便地取放。整顿的作用如图1-3所示。

提高工作效率

将寻找物品的时间减少为零

异常情况（如丢失、损坏）能马上被发现

非责任人的其他人员也能明白工作要求和做法

不同的人去做，其结果是一样的（因为已经标准化）

图1-3　整顿的作用

如图1-4所示为整顿前后的对比。

图1-4 整顿前后的对比

1.1.2.3 清扫——Seiso

清扫就是清除工作场所内的脏污并防止污染的发生。其目的是消除"脏污"，保持工作场所干净、明亮，以稳定产品质量，达到零故障、零损耗。

经过整理、整顿，必需品处于立即能用的状态，但取出的物品还必须完好可用，这是清扫最大的作用。

1.1.2.4 清洁——Seiketsu

清洁就是将整理、整顿、清扫、安全、节约进行到底，并且标准化、制度化、规范化，以维持成果。其目的是通过制度化来维持成果，使清洁成为惯例和制度、促进企业文化的形成。清洁的作用如图1-5所示。

维持的作用	改善的作用
将整理、整顿、清扫、安全、节约活动取得的良好成绩和作用维持下去，成为公司的制度	对已取得的良好成绩，不断进行持续改善，使之达到更高的境界

图1-5 清洁的作用

1.1.2.5 素养——Shitsuke

素养是指通过相关宣传、教育手段，提高全体员工文明礼貌水平，促使其养成良好的习惯，遵守规则，并按要求执行。素养的作用如图1-6所示。

1	企业全员严格遵守规章制度
2	形成良好的工作风气
3	铸造团队精神，全体员工积极、主动地贯彻执行整理、整顿、清扫制度

图1-6 素养的作用

1.1.2.6 安全——Safety 或 Security

安全活动是指清除安全隐患，排除险情，预防安全事故，保障员工的人身安全，保证生产的连续性，减少安全事故造成的经济损失。

推行安全活动的作用如下。

（1）创造安全、健康的工作环境。

（2）保障员工安全，使其更好地投入工作。

（3）减少或避免安全事故，保证生产顺利进行。

（4）管理到位，赢得客户信任。

在企业推行安全活动所要关注的内容，包括人的安全、物的安全和环境的安全。

1.1.3 6S之间的关系

6S活动彼此相互关联。其中，整理、整顿、清扫是进行日常6S活动的具体内容；清洁则是对整理、整顿、清扫工作的规范化和制度化管理；素养要求员工培养自律精神，形成坚持推行6S活动的良好习惯；安全则强调员工在之前6S活动的基础上实现安全化作业。6S要素关系如图1-7所示。

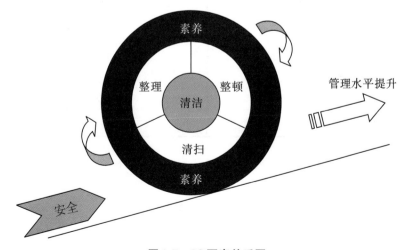

图1-7 6S要素关系图

5

1.2 实施6S的必要性

1.2.1 生产现场的常见症状

如果你仔细去查看一下制造企业的生产现场，就会发现许多常见的"症状"，具体如表1-2所示。

表1-2 生产现场的常见症状

观察要素	呈现的现象	观察要素	呈现的现象
人员	• 员工士气不振 • 精神面貌不佳 • 人员走动频繁 • 面无表情	环境	• 通道被堵塞 • 垃圾杂物随处可见 • 积水、积油、积尘 • 噪声超标 • 尘雾满天飞扬
设备	• 设备布局散乱 • 线路散乱、破损 • 机身上有污垢、积油、积尘 • 设备漏油、漏水、漏气 • 工模夹具摆放混乱、无标志 • 闲置设备到处放置 • 故障频繁发生	方法	• 作业流程不畅 • 工艺不合理 • 违规、违章操作不断 • 无标作业、无标检验
物料	• 物品堆积如山 • 在制品随意乱放 • 合格品、不良品混放 • 物品标志不清 • 停工待料时常发生 • 数量不准确	信息	• 计划频繁调整 • 数据不准确 • 信息传递不及时 • 不记录数据

如果用相机去拍一拍，你会发现开展6S之前现场的情况可能与如图1-8所示的差不多。

图1-8 开展6S之前现场图片

1.2.2 实施6S的好处

实施推行6S活动，能使制造企业得到很多意想不到的益处，从而提升企业的竞争力，如图1-9所示，具体表现如表1-3所示。

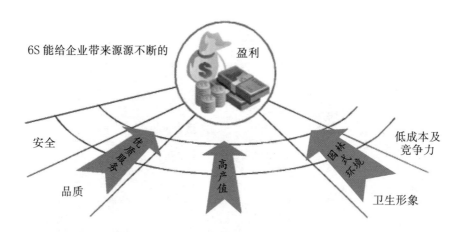

图1-9 实施6S的益处

表1-3 实施6S的益处表现

序号	益处	说明
1	提升公司形象	（1）容易吸引顾客，使顾客对公司产生信心 （2）能吸引更多的优秀人员加入公司
2	营造团队精神	（1）共同的目标拉近员工的距离，建立团队感情 （2）容易带动员工改善思想更加上进 （3）看到良好的效果，员工对自己的工作有一定的成就感 （4）员工养成良好的习惯，成为有教养的员工，容易塑造良好的企业文化
3	减少浪费	（1）经常习惯性的整理、整顿，不需要专职整理人员，减少人力 （2）对物品进行规划分区，分类摆放，减少场所浪费 （3）物品分区分类摆放，标志清楚，节省寻找时间 （4）减少人力、减少场所、节约时间、降低成本
4	保障质量	工作中养成认真的习惯，做任何事情都一丝不苟、不马虎，产品质量自然有保障
5	改善情绪	（1）清洁、整齐、优美的环境带来美好的心情，员工工作起来更积极、认真 （2）同事间谈吐有礼、举止文明，给员工一种被尊重的感觉，容易融汇在这种大家庭的氛围中
6	提高效率	（1）工作环境优美，工作氛围融洽，工作自然得心应手 （2）物品摆放整齐，不用花时间寻找，工作效率自然提高

我们再来看看开展6S活动之后的现场照片，如图1-10所示。

图1-10　开展6S活动之后的现场照片

第2章

6S 活动推广的步骤

2.1 对企业的现状进行诊断

针对企业管理中的常见问题，自行组织现状调查分析，判断问题和隐患所在，确定6S活动的重点和阶段性主题。

2.1.1 自我评估与诊断标准

6S活动自我评估与诊断标准如表2-1所示。

表2-1 6S活动自我评估与诊断标准

序号	评估项目	评估与诊断标准
1	公共设施环境卫生	（1）浴室、卫生间、锅炉房、垃圾箱等公共设施设备完好 （2）环境卫生有专人负责，随时清理，无卫生死角 （3）厂区绿化统一规划，花草树木布局合理，养护良好
2	厂区道路车辆	（1）道路平整、干净、整洁，交通标志和画线标准、规范、醒目 （2）机动车、非机动车位置固定，标志清楚
3	宣传标志	（1）张贴、悬挂表现企业文化的宣传标语 （2）文宣形式多样化，内容丰富
4	办公室物品和文件数据	（1）办公室物品摆放整齐、有序，各类导线集束，实施色标管理 （2）办公设备完好、整洁 （3）文件数据分类定置存放，标志清楚，便于检索 （4）桌面及抽屉内物品保持正常办公的最低限量
5	办公区通道、门窗、墙壁、地面	（1）门厅和通道平整、干净 （2）门窗、墙壁、天花板、照明设备完好且整洁 （3）室内明亮、空气新鲜、温度适宜
6	作业现场通道和室内区域线	（1）通道平整、通畅、干净、无占用 （2）地面画线清楚，功能分区明确，标志可移动物摆放位置、颜色、规格统一
7	作业区地面、门窗、墙壁	（1）地面平整、干净 （2）作业现场空气清新、灯光明亮 （3）标语、图片、图板悬挂、张贴符合要求 （4）各种不同使用功能的管线布置合理，标志规范
8	作业现场设备、工装、工具、工位器具和物料	（1）定置管理，设备（含检测试验设备）、仪器、工装、工具、工位器具和物料分类合理，摆放有序 （2）作业现场无无用或长久不用的物品 （3）消除跑、冒、滴、漏等现象，杜绝污染

续表

序号	评估项目	评估与诊断标准
9	作业现场产品	（1）零部件磕碰划伤防护措施良好、有效 （2）产品状态标志清楚、明确，严格区分合格品与不合格品 （3）产品放置区域合理，标志清楚
10	作业现场文件	（1）文件是适用、有效版本 （2）各种记录完整、清楚 （3）文件摆放位置适当，保持良好
11	库房	（1）定置管理，摆放整齐 （2）位置图悬挂标准，通道畅通 （3）账、卡、物相符，标志清楚 （4）安全防护措施到位
12	安全生产	（1）建立了安全管理组织网络，配备专职管理人员 （2）建立安全生产责任制，层层落实 （3）制定安全生产作业规程，人人自觉遵守 （4）有计划地开展安全生产教育与培训
13	行为及仪容 仪表规范	（1）员工自觉执行公司的相关规定，严格遵守作业纪律 （2）工作坚持高标准，追求产品零缺陷 （3）制定并遵守礼仪守则 （4）衣着整洁 （5）工作时间按规定统一穿戴工作服、工作帽 （6）工作区内上班时间员工能自觉做到不吸烟

2.1.2 诊断检查表

诊断检查表可按办公场所和车间来区分，因为两者在许多方面不同。

（1）车间诊断用6S检核表，如表2-2所示。

表2-2 车间诊断用6S检核表

项目	检核项目	配分	得分	改善计划
整理	1.有无定期实施去除不要物的红牌作战计划	2		
	2.有无不急、不用的治工具❶、设备	2		
	3.有无剩料、废料等不用物	2		
	4.有无不必要的隔间，职场视野是否良好	2		

---

❶ 治工具是治具、工具的合简称，也是设备工具等的通俗说法。

续表

项目	检核项目	配分	得分	改善计划
整理	5.有无将作业场所明确区域划分、编号化	2		
	小计	10		
整顿	1.是否明确规定储藏条件及储藏处	2		
	2.是否明确规定物品放置、料架	2		
	3.是否治工具易于取用、集中	2		
	4.是否使用颜色管理	2		
	5.是否治工具、材料等按规定存放	2		
	6.是否规定呆制品存放处与管理办法	2		
	7.宣传白板、公布栏内容应适时更换,应标明责任部门及担当者姓名	2		
	8.各种柜、架的放置处要有明确标识	2		
	小计	16		
清扫	1.作业场所是否杂乱	2		
	2.作业台/现场办公台是否杂乱	2		
	3.产品、设备、地面是否脏污,有灰尘	2		
	4.区域划分线是否明确	2		
	5.作业结束、下班时是否清扫	2		
	6.墙角、底板、设备等重点区域是否清扫	2		
	小计	12		
安全	1.危险品是否有明显的标识	2		
	2.各安全出口的前面是否有物品堆积	3		
	3.灭火器是否在指定位置放置及处于可使用状态	2		
	4.消火栓的前面或下面是否有物品放置	2		
	5.空调、电梯等大型设施设备的开关及使用是否指定专人负责或制定相关规定	2		
	6.电源、线路、开关、插座是否有异常现象出现	3		
	7.是否存在违章操作	2		
	8.对易倾倒物品是否采取防倒措施	2		
	9.是否有健全的安全机制及规章制度	3		
	10.是否定期进行应急预案的演习	2		
	小计	23		

项目	检核项目	配分	得分	改善计划
清洁	1.清洁是否规范化	3		
	2.机械设备类是否定期点检	3		
	3.是否穿着规定的服装或劳保用品	3		
	4.工作场所是否放置私人物品	3		
	5.有无规定吸烟场所并遵守	3		
	小计	15		
素养	1.有无保持基本的卫生习惯和基本礼仪	3		
	2.有无明示使用护具并遵守	3		
	3.有无遵守作业标准书	3		
	4.有无规定异常发生时的应对方法	3		
	5.有无积极参加晨操、朝夕会	3		
	6.是否遵守有关开始、停止的规定	3		
	7.有无按规定穿工作鞋、工作服，佩戴工作证	3		
	8.是否每天保持下班前的五分钟6S复盘活动	3		
	小计	24		
	共计	100		
评语：				
				检查者：

（2）办公场所诊断用6S检核表，如表2-3所示。

表2-3　办公场所诊断用6S检核表

项目	检核项目	配分	得分	改善计划
整理	1.有无定期实施去除不要物的红牌作战计划	2		
	2.有无归档的规定	2		
	3.桌、柜等是否为必要的最低限	2		
	4.有无不必要的隔间，职场视野是否良好	2		
	5.有无将桌、柜、通路等明确区域划分	2		
	小计	10		

续表

项目	检核项目	配分	得分	改善计划
整顿	1.是否按照归档的规定进行档案归类	2		
	2.文件等各类物品是否实施定位化并标识（颜色、斜线、标签）	2		
	3.是否规定用品的放置处，并进行补充管理（如最高最低存量管理）	2		
	4.必要的档案等物品是否易于取用，放置方法正确（立即取出和放回）	2		
	5.是否规定柜、架的管理责任人	2		
	小计	10		
清扫	1.地面、桌上是否杂乱	2		
	2.垃圾箱是否堆积满溢	2		
	3.配线是否杂乱	2		
	4.给水间有无管理责任人的标示	2		
	5.给水间是否干净明亮	2		
	6.有无分工负责清扫制度，窗、墙、天花板、办公桌、通道或办公场所地面或作业台是否干净亮丽，办公设施是否干净无灰尘	2		
	小计	12		
安全	1.危险品是否有明显的标识	2		
	2.各安全出口的前面是否有物品堆积	2		
	3.灭火器是否在指定位置放置及处于可使用状态	2		
	4.消火栓的前面或下面是否有物品放置	2		
	5.空调、电梯等大型设施设备的开关及使用是否指定专人负责或制定相关规定	2		
	6.电源、线路、开关、插座是否有异常现象出现	2		
	7.是否存在违章操作	2		
	8.对易倾倒物品是否采取防倒措施	2		
	9.是否有健全的安全机制及规章制度	2		
	10.是否定期进行应急预案的演习	2		
	小计	20		

项目	检核项目	配分	得分	改善计划
清洁	1.办公设备有无按规定定期清洁	3		
	2.抽屉是否杂乱	3		
	3.私人物品是否放于指定处	3		
	4.下班时桌面是否整洁	3		
	5.有无穿着规定服装	3		
	6.排气和换气的情况如何，空气中是否有灰尘或污染味道	3		
	7.光线是否充足，角度、亮度是否合适	3		
	小计	21		
素养	1.有无周业务进度管理表	3		
	2.重点目标、目标管理等有无目视化	3		
	3.有无规定公告栏，公告文件有无过期	3		
	4.接到当事人不在的电话有无做备忘记录	3		
	5.有无告知方式表示员工出差地点与回来时间等	3		
	6.有无文件传阅规定	3		
	7.有无积极参加晨操	3		
	8.是否每天下班时执行五分钟6S复盘活动	3		
	9.人员是否仪容端正、精神饱满、工作认真	3		
	小计	27		
	共计	100		

评语：

检查者：

2.1.3 现场诊断的结果分析

对现场所进行的诊断，最后要将诊断结果以书面的形式呈现出来，在分析的过程中要把所出现的问题或难点找出来，最好附上所拍照片，同时，要提出相应的建议，如范本2-01所示。

【范本 2-01】▶▶▶

6S 现状诊断报告

调研范围：一车间、二车间、储运部、包装车间、分装车间、配件仓库等所有区域

调研时间：2024 年 12 月 6 日

主要调研人：×××、×××

调研陪同人员：×××（人力资源部）、×经理（生产一车间）、×经理（生产二车间）、×经理（品管部）

在公司的相关陪同人员和各部门的责任人的大力支持和配合下对诊断范围内的 6S 状态进行了相应的诊断，诊断结果如下。

一、做得很好的方面

（1）在质量控制方面做得很好，完全符合国家标准，并采用严于行业标准的方式来提升质量，从而为产品远销、畅销提供有力的支持。

（2）在辅料和配件及安全方面也进行了有效控制，从而有效降低了内耗的成本。

（3）有些部门已在推广 6S 等活动，而且初具成效，这为其他部门推行 6S 打下了实践基础。

（4）公司高层对该项目的重视程度及决心为该项目在贵司的推行注入了新的动力，这也是该项目成功推行的前提。

二、不足的地方

在诊断过程中发现一些不足的地方，在此，无论存在的问题大与小都将一一罗列：

（1）未建立整体的 6S 推行组织并明确职责。

（2）缺少 6S 培训需求和实施办法。

（3）没有对基层管理人员的管理类培训，如管理技能提升、团队组织建设等课程。

（4）需要将整个企业团队引导为一个学习型组织和团队，目前未针对此策划和开展一些学习活动，如读书月、提案改善月、内部专项技能培训等。

（5）未进行专门的危机专题内部沟通和培训，不能有效激发员工的危机意识，如质量安全意识等。

（6）车间的消防灭火设备普遍积尘较多，甚至有些已过期，没有进行有效管理及保养。

（7）劳保用品没有建立一个使用周期制度。

（8）目前整个企业内公告牌管理未全面建立起来，各方面的信息不能及时透明

地反映出来。

（9）办公楼内无安全疏散图。

（10）整个车间及仓库都未进行有效地区域划分，如划分人流区域和物流区域。

（11）一车间整体比较干净整洁，但一楼仍有堆放杂物的现象。

（12）生产部办公室的文件夹及数据存放方式有待规范。

（13）二车间有一台设备有漏原料的现象。

（14）零件仓的6S工作进展明显，但在物料标识和物品分类存放等方面需要进一步统一和完善，此外物料架上的物品不宜堆放得太高。

......

三、建议

综上，公司在6S的推行工作方面确实做了不少的工作，也取得了一定的成绩（按今天使用的诊断检查表的分数汇总，办公场所得分为57分，现场得分为62分，这些分数不能作为各部门的考核内容，仅作为本次诊断的主观结果，供参考用），但这些不足以从整体上提升公司在环境、质量、安全、成本和效率等方面的需求，因此仍有必要慎重考虑如何能全面有效地推行6S活动，现据初步的调研结果提供以下建议：

（1）成立一个以高层管理者为委员会主任，以各部门责任人为委员的6S推行委员会，并明确主任及委员的职责。

（2）全面策划整个6S推行方案及时间表，高层需持续关注进度及结果。

（3）进行全员性的培训，特别是先对6S推行委员会及各部门中高层管理人员培训，并建立一个有效的培训机制确保所有员工一进入本司就知道如何执行6S要求。

（4）制作6S样板部门，策划执行标准和运作规范、制定过程控制表格。

（5）培训内审员，日常监控6S的执行及改善情况。

（6）开展形式多样的6S活动，如知识竞赛、月度或季度评比、活动月等。

2.2 成立推行组织

为了有效地推进6S活动，需要建立一个符合企业条件的推进组织——6S推行委员会。推行委员会的组成包括6S委员会、推进事务局、各部门负责人以及部门6S代表等，不同的责任人承担不同的职责。

2.2.1 推行委员会的职责

推行委员会职责见表2-4。

表2-4　推行委员会职责

组成	职责
6S委员会	1.制定6S推行的目标、方针 2.任命推行事务局负责人 3.批准6S推进计划书和推进事务局的决议事项 4.评价活动结果
推进事务局	1.制订6S推进计划，并监督计划的实施 2.组织对员工的培训 3.负责对活动的宣传 4.制定推进办法和奖惩措施 5.主导全公司6S活动的开展
各部门负责人	1.负责本部门6S活动的开展，制定6S活动规范 2.负责本部门人员的教育和对活动的监督 3.设定部门内的改善主题，并组织改善活动的实施 4.指定本部门的6S代表
部门6S代表	1.协助部门负责人对本部门的6S活动进行推进 2.作为联络员，在推进事务局和所在部门之间进行信息沟通

2.2.2　责任人签下6S推行责任书

为明确各人的责任，可以将明确责任的活动办得热闹一点，比如开展一场6S活动宣誓大会，并请各责任人现场签下责任状（承诺书）。

【范本2-02】▸▸▸

6S管理推行承诺书（部门负责人）

我是××公司部门负责人：

为推动公司现场6S管理，提高我司的内部现场管理水平，在今后的6S管理活动中，本人承诺如下：

（1）我将带动部门上下，从工作中的每一件小事做起，持之以恒，以达到公司期望——6S在96分以上的要求。

（2）我将组织本部门主动配合和协助其他部门开展6S工作，与其共谋发展。

（3）认真遵守和执行公司推行6S管理项目的所有要求，全力配合和支持咨询顾问组及推行小组的推行工作。

（4）严格认真执行公司6S管理的各项制度，全力配合和执行推行小组和6S管理专员的要求。

（5）每天按6S要求和标准对6S工作自查1次，并记录和通报。

（6）每周对部门6S工作总结一次，并向全体员工汇报。

（7）积极寻找方法解决6S推行中存在的问题，绝不为失败找借口。

（8）如因本部门的6S推行进度而影响全公司的6S管理项目进度，本人将自请处分。

（9）如未遵守和执行6S推行小组和6S制度，本人愿意无条件接受公司的处分。

为塑造一个有××公司特色，洋溢××公司6S文化的企业形象而携手努力奋进！

承诺人（签字）：

_____年__月__日

【范本2-03】▶▶▶

6S管理推行承诺书（推行小组成员）

我是××公司现场6S专案推行小组成员：

为推动公司现场6S管理工作，提高我司的内部现场管理水平，在今后的6S管理活动中，本人承诺如下：

（1）我将带动全公司和部门上下，从工作中的每一件小事做起，持之以恒，以达到公司期望——6S在96分以上的要求。

（2）按时按质推进和执行6S管理项目的各项计划。

（3）遵守和执行公司推行6S管理项目的所有要求，全力配合和支持咨询顾问组的推行工作。

（4）严格认真执行公司6S管理的各项制度。

（5）每周对公司6S工作检查和总结一次，并向全体员工汇报。

（6）积极寻找方法解决6S推行中存在的问题，绝不为失败找借口。

（7）如因本人的6S推行进度而影响全公司的6S管理项目进度，本人将自请处分。

（8）如未遵守和执行6S推行小组和6S制度，本人愿意无条件接受公司的处分。

为塑造一个有××公司特色，洋溢××公司6S文化的企业形象而携手努力奋进！

承诺人（签字）：

_____年__月__日

【范本2-04】▶▶▶

6S 管理项目推行责任状（项目负责人）

我是××公司部门负责人：

为规范内部管理行为，促进公司内6S管理全面有力的推行和执行，杜绝推行过程中各部门配合和支持行为的随意性和盲目性，提高我司的内部现场管理水平，保证6S管理项目的各要求得以全面、正确实施，履行好各部门的职责，根据公司最高管理层定下的本年度内部改善的目标和有关要求，特制定本责任状。本人承诺如下：

（1）我将带动部门上下，从工作中的每一件小事做起，持之以恒，以达到公司期望——6S在96分以上的要求。

（2）我将组织本部门员工主动配合和协助其他部门开展6S工作，与其共谋发展。

（3）认真遵守和执行公司推行6S管理项目的所有要求，全力配合和支持咨询顾问组及推行小组的推行工作。

（4）严格认真执行公司6S管理的各项制度，全力配合和执行推行小组和6S管理专员的要求。

（5）每天按6S要求和标准对6S工作自查1次，并记录和通报。

（6）每周对部门6S工作总结一次，并向全体员工汇报。

（7）积极寻找方法解决6S推行中存在的问题，绝不为失败找借口。

（8）如因本部门的6S推行进度而影响全公司的6S管理项目进度，本人将自请处分。

（9）如未遵守和执行6S推行小组和6S制度，本人愿意无条件接受公司的处分。

总经理（签字）：　　　　　　　项目责任人（签字）：

____年__月__日

2.3　制订6S推行计划

所谓计划就是预先决定5W1H——做什么（What）、为什么做（Why）、什么时候做（When）、由谁做（Who）、怎么做（How）等。

2.3.1　初次推行计划

初次推行计划是针对那些以前没有开展过任何6S活动的企业制订的。

【范本2-05】▸▸▸

某公司 6S 推行进度计划（甘特图）

编制：　　　　　　　　　　　　批准：

序号	阶段	工作内容	1月	2月	3月	4月	5月	6月	7月	8月	9月	10月	11月	12月
1	组织策划	6S现状诊断	■											
		组建6S委员会、6S小组，明确岗位职责	■											
		6S骨干培训		■										
		制订6S推行计划		■										
		6S宣传工作展开			■	■	■	■	■	■	■	■	■	■
2	体系设计	全员6S培训					■							
		6S骨干外训					■							
		确定6S方针、目标					■							
3	6S体系建立	编写6S手册					■							
		制作整理、整顿、清扫、清洁、素养、安全的程序文件及表格					■							
		示范部门或车间整理、整顿开始						■						
		制定6S评分标准和6S竞赛办法						■						
4	6S运行	6S知识竞赛(晚会)，6S实施动员大会						■						
		整理						■						
		整顿						■						
		清扫						■						
		6S审核						■						
		清洁							■	■	■	■	■	■
		管理层6S评审						■						

2.3.2　循环推行计划

6S活动推行到一定程度以后，推行委员会要制订一个循环推行计划（如每季度循环一次），以使6S活动处于不断的良性循环之中，如范本2-06所示。

【范本2-06】▶▶▶

6S管理持续推行计划表（每季度循环一次）

步骤	项目	推行计划					备注
		1周	2周	3周	……	12周	
6S管理推行准备	（1）重新确定6S管理推行负责人和小组，并修改相关的6S实施方案						
	（2）各副主任负责提交各小组的责任区域图，以及提交6S所有待其他部门或者上级部门解决的问题清单						
	（3）全厂新员工培训及培训考试；6S全厂宣传						
6S管理推行	（1）各部门开始实施整理并提交整理、整顿清单						
	（2）各部门确定清扫责任区，具体落实到每一个人并实施清扫						
	（3）重新制作样板工程						
	（4）各部门参照实施整顿（目视管理）						
	（5）各部门实施6S						
	（6）全厂6S管理开始实施评比						按"6S管理考核办法"实施
6S管理的效果检讨	（1）每周由6S管理委员会委员对各区进行周评比，并纳入月评比中						
	（2）每月由6S管理委员会主任抽取部分委员对各区进行评比，对于前两名给予奖励						
6S管理的维持改进	（1）由人力资源部将6S培训内容纳入新员工培训项目之中，每个月对新进员工组织一次培训						评估总目标是否实现
	（2）开展新的趣味性竞赛						
	（3）提升6S目标						
	（4）与各部门的管理绩效挂钩，促进全体参与						

编制： 日期：

2.4　宣传造势、教育训练

推动6S活动时除了要做好策划工作外，还要让全公司的各级管理人员和全体员工了解为何要做和如何去做，同时告知进行活动的必要性与好处在哪里，这样才能激发大家的参与感和投入感。因此，企业开展必要的宣传造势、教育训练是必不可少的环节，也是6S活动成败的关键。

2.4.1　活动前的宣传造势

（1）前期各项宣传活动的推行。各部门主管负责利用部门（小组）例会向员工讲述实施6S的必要性和作用，使员工对6S有初步的了解，激发员工的好奇心。

（2）制定推行手册及海报标语。为了让全员了解、全员实行，推行委员会应制定推行手册，并且做到人手一册，通过学习，确切掌握6S的定义、目的和推行要领等。另外，配合各项倡导活动，制作一些醒目的标语，塑造气氛，以加强文宣效果。

如图2-1所示为6S活动标语集锦。

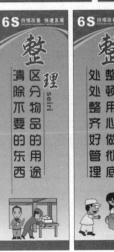

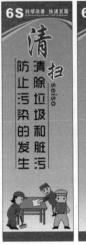

图2-1

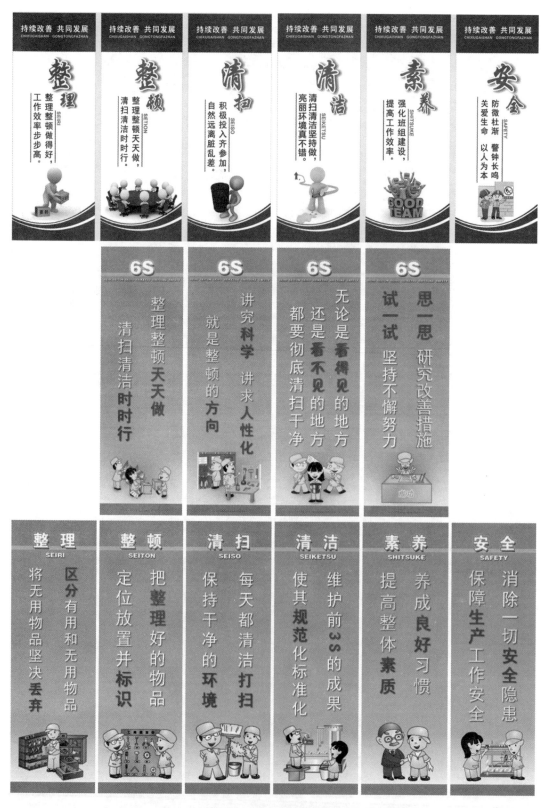

图2-1　6S活动标语集锦

对于海报、标语的张贴，推行委员会对其内容、大小、数量、放置位置都要事先设计好，否则，现场会因标语、海报的张贴显得杂乱，而达不到应有的效果，以下提供某公司在开展6S之初所设计的标语清单供参考。

【范本2-07】▶▶

6S系列标语／横幅／袖章等制作清单

序号	类别	适用地	规格说明	颜色	数量	内容
1	铜字	门卫楼		红色或铜色	1	××（公司标志）
2	横匾	厂区主通道	待定	待定	1	品质方针：×××
3					1	质量目标：成品交货验收合格率≥99%，客户投诉处理率100%，顾客满意度≥98%
4					1	公司理念：×××
5					1	整理、整顿、清扫、清洁、节约、安全、素养
6	挂贴／横幅	车间	挂贴尺寸：180厘米（高）×40厘米（宽）横幅尺寸：1200厘米（长）×70厘米（高）	挂贴：绿底白字 横幅：红底黄字	2	整理、整顿做得好，工作效率步步高
7					2	清扫、清洁坚持做，亮丽环境真不错
8					2	6S效果很全面，持之以恒是关键
9					2	决心、用心、信心，6S活动有保证
10					2	全员投入齐参与，自然远离脏乱差
11					2	人人做整理，场地有条理，全员做清扫，环境更美好
12					2	减少浪费，提升质量；整齐舒适，安全规范
13					2	整理整顿天天做，清扫清洁时时行
14					2	整顿用心做彻底，处处整齐好管理
15					2	现场差，则市场差，市场差，则发展滞
16					2	高质量的产品源于高标准的工作环境
17					2	摒弃坏习惯，打造新风气
18					2	实施效果看得见，持之以恒是关键
19					2	落实消防责任，贯彻消防法规

续表

序号	类别	适用地	规格说明	颜色	数量	内容
20		车间			2	消防连着你我他，保障安全靠大家
21					2	安全生产人人有责，遵章守纪保障安全
22					2	生产再忙安全不忘，人命关天安全为先
23					2	安全来自长期警惕，事故源于瞬间麻痹
24					2	按章操作机械设备，时刻注意效益安全
25		仓库			2	爱惜物料，重视质量，合理规划，标识清晰
26					1	进料出料要记清，数账管理更分明
27					1	化学物品很危险，存储使用要当心
28	挂贴/横幅		挂贴尺寸：180厘米（高）×40厘米（宽）横幅尺寸：1200厘米（长）×70厘米（高）	挂贴：绿底白字横幅：红底黄字	1	仓储原则要遵守，先进先出是基础
29		车间品管区			1	作业不正确，顾客受连累
30					2	用户在您心中，品质在您手中
31					1	以质量求生存，以改革求发展
32					1	检验测试坚持做，一点问题不放过
33					2	人人品管做得好，顾客抱怨自然少
34					2	产品质量连万家，利害关系你我他
35					2	品质放松，劳而无功
36					2	规范质量行为，树立良好风气
37					1	品管提高信誉，信誉扩大销售
38					1	品质一马当先，业绩遥遥领先
39					1	人人提案创新，成本自然减轻
40					1	质量就是资源，质量就是金钱
41					1	零缺点的生产过程，一百分的优质产品
42	KT板（活动宣传板）	车间办公室	100厘米（宽）×60厘米（高）	自由设计底色	1	复杂工作简单做，简单工作认真做，认真工作重复做，重复工作创新做
43					1	汇报工作说结果，请示工作说方案，总结工作说流程，回忆工作说感受
44					1	好思路+不执行=0　好制度+不执行=0　布置工作+不检查=0
45					1	正确指导+强制执行=管理

续表

序号	类别	适用地	规格说明	颜色	数量	内容
46	KT板（活动宣传板）	车间会议室	100厘米（宽）×60厘米（高）	自由设计底色	1	会而必议，议而必决，决而必行，行而必果
47		办公室1F			1	积极进取有担当，专业智慧有表现，认真服从有目标
48						
49	挂贴	食堂	120厘米（高）×40厘米（宽）	绿底白字	1	浪费可耻，节约光荣
50					2	珍惜盘中餐，粒粒皆辛苦
51					2	保持卫生清洁，共创美好环境
52					1	一粥一饭当思来之不易，一点一滴常有感恩之心
53	车间牌号	各车间	60厘米×40厘米	绿底白字	14	1#车间、2#车间、直到14#车间
54	6S袖章	6S成员		红底黄字	15	6S检查
55	锦旗		标准型	红底黄字		月度6S评比第一名（落款××公司）

（3）最高主管的宣言。推行委员会应集合全体员工，由最高主管强调和说明推动6S活动的决心、信心和重要性。

2.4.2　教育训练与考核

2.4.2.1　培训对象

在6S推行活动中的教育对象包括以下人员：

（1）管理人员（图2-2）。

（2）员工（图2-3）。

（3）审核员（现场审核前开展培训）。

管理人员和审核员的培训由6S小组组长负责。

2.4.2.2　培训方法

员工的培训按下述方法进行：

（1）新进人员。由人力资源部负责组织培训。

（2）现有员工。由各部门自行负责组织培训。

图2-2 管理人员培训

图2-3 员工培训

2.4.2.3 考核

由6S小组成员负责对所有接受培训的人员进行书面考核，对于考核不合格者按图2-4所示的方式处理。

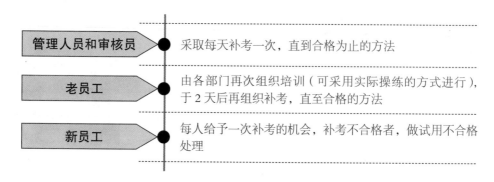

图2-4 考核不合格的处理方式

2.4.3 制作宣传板报

公司和各部门还可以通过制作6S板报来宣传6S知识、展示6S成果、发表6S征文、提示存在的问题等，板报的内容可以做得丰富多彩，它是一种很有效的宣传工具。

板报是展示管理文件的现场，各部门应该设置专门的6S板报。在板报制作的过程中，应留意以下几点：

（1）板报应设在员工或客户必经的场所，如通道、休息室附近，同时要求空间比较宽敞，站着可看得到。

（2）板报制作要美观大方。

（3）板报可以形式多样，如图2-5所示。

（4）应定期对板报的内容进行更新和维护，如果内容长时间不变，板报破旧不堪也就失去了它应有的宣传作用。

图2-5　各种6S板报

2.4.4　制作推行手册

为了让全员了解和落实6S，最好制作6S推行手册，保证人手一册，让员工通过阅读手册掌握6S的定义、目的、推行要领、实施方法、评审办法等，具体如图2-6所示。

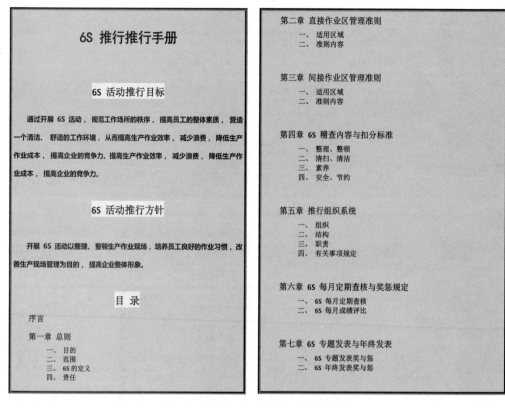

图2-6　某企业的6S推行手册前两页

2.5　建立6S活动样板区

2.5.1　开展样板区6S活动的程序

开展样板区6S活动首要的任务是设法快速地展现6S成果，目的是要给领导和员工以必胜的信心。因此，6S推行小组在设计示范区6S活动的时候，就应该考虑将活动步骤进行整合或简化，使其达到快速见效的目的。

示范区6S活动的主要程序如图2-7所示。

2.5.2　样板区的选择

选择样板区，就是要在公司范围内找到一个突破口，并为大家创造一个可以借鉴的样板（如图2-8和图2-9所示）。为了达到这样一个目的，推行委员会在选择6S活动样板区的时候应注意以下事项。

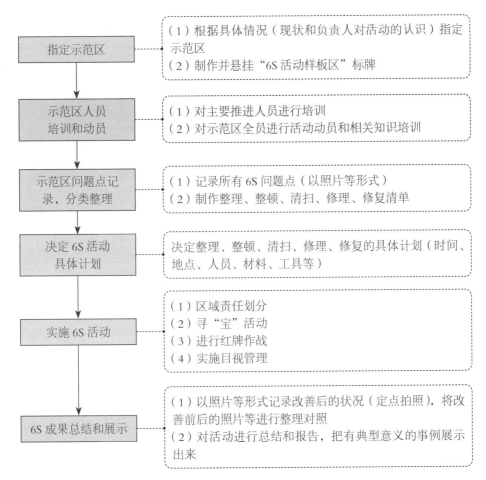

图2-7　示范区6S活动的主要程序

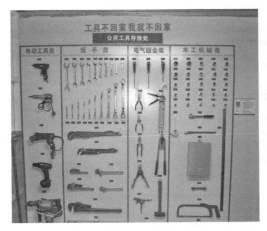

图2-8　工具摆放示范

图2-9　机房入口示范

2.5.2.1　选择硬件条件差、改善难度大的部门作为样板区

如果选择一个硬件条件好（如新建的厂房、新买的设备等）的车间或部门，短期的6S活动很难创造出令人信服的，特别是能够产生视觉冲击力的6S效果。相反，选择一个硬件条件差、改善难度大的车间或部门，通过短期、集中的6S活动，使管理现场得到根本的改变，特别是一些长期脏、乱、差的地方得到彻底的改观，将对员工产生巨大的视觉冲击，从而使样板区真正发挥示范作用。

2.5.2.2　选择具有代表性的部门作为样板区

在选择6S活动样板区时，还应考虑所选择的样板区应有一定的代表性，其现场所存在的问题具有普遍性。只有这样，改善的效果才有说服力，才能被大多数人认同和接受。不然，就很难达到预期的效果，也就不能给其他部门提供示范和参考作用。

2.5.2.3　所选样板区的责任人改善意识要强

要想样板区的6S活动在短期内见效，选择改善意识比较强的负责人尤为重要。否则，再好的愿望都可能落空。

2.5.3　样板区的活动重点

样板区的活动重点，如表2-5所示。

表2-5　样板区的活动重点

活动名称	活动内容	备注
在短期内突击进行整理	必须在短时间内，对整个车间进行一次大盘点，为对无用品的处理做准备	
下狠心对无用品进行处理	"做好整理工作的关键是废弃的决心"，就是对那些无用品进行处理的决心	把确定的废弃品扔掉，把待定的物品分类转移到另外的场所，待上级确定
快速的整顿	以工作或操作的便利性、使用的频度、安全性、美观性等，决定物品的放置场所和方法，对所有已摆放归位的物品，要采用统一的标志	因为时间的关系，可先采用特定的标识方法，待下一步再研究统一的标识方法
彻底的清扫	短期内发动全体员工进行彻底的清扫，对难点采取特殊的整理措施，对陈旧设备最好的处理办法是涂上新的油漆	

2.5.4　样板区6S活动效果确认及总结报告

要使样板区的6S活动成果能够成为全公司整体6S活动的方向标，推行委员会应该力求做好以下几个方面的工作。

2.5.4.1　活动成果的报告和展示

推行委员会首先要对样板区的6S活动成果进行系统的总结，总结的内容通常包括活动计划、对员工的培训、活动过程、员工对活动的参与情况、活动成果和改善事例等。有条件的话，可以把这些内容制成墙报，并集中展示出来，让全体员工了解示范区的6S活动。

除此之外，还可以通过说明会、报告会和内部刊物等多种形式进行广泛的宣传。企业现场整改方面部分成果的前后对比图片示意图整理如表2-6所示。

表2-6　6S活动现场整改后的前后对比

现场	系统导入前企业现场图片（×）	系统导入后企业现场图片（√）
安保系统		

现场	系统导入前企业现场图片（×）	系统导入后企业现场图片（√）
工程系统		

续表

现场	系统导入前企业现场图片（×）	系统导入后企业现场图片（√）
工程系统		
后勤保障系统		

续表

现场	系统导入前企业现场图片（×）	系统导入后企业现场图片（√）
后勤保障系统		
职能办公系统		

续表

现场	系统导入前企业现场图片（×）	系统导入后企业现场图片（√）
职能办公系统		
生产保障系统		

2.5.4.2 组织样板区参观活动

为了让公司内更多的人了解样板区的改善成果，组织样板区参观活动是一个很有效的方法。要使参观活动有成效，就要做好图2-10所示的三个方面的准备工作。

工作一	准备好参观的地点和需要做重点介绍的事项，在现场对改善事例进行展示
工作二	指定对改善事例解说的员工（通常是改善者本人），并按要求做好解说准备
工作三	参观人员分组时，注意在每一个小组内安排企业高层参与

图2-10　样板区参观活动前的准备工作

2.5.4.3　高层领导的肯定和关注

开展样板区活动的目的就是要通过局部的改善带动活动的全面开展，起到以点带面的作用。为了使样板区的改善成果有号召力，企业高层对改善成果的认同是很关键的。企业领导应该对改善成果表示关注和肯定，积极参与样板区参观活动，在各种场合表达对改善成果的赞许。

2.6　全面推进6S活动

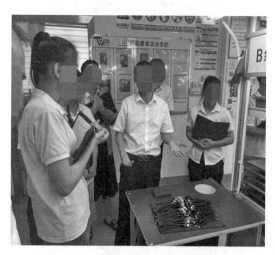

当样板区6S活动推行成功后，推行委员会就应该依照样板区的工作标准、工作经验在公司内各车间、各部门大面积地横向展开（见图2-11）。

2.6.1　实施区域责任制

实施区域责任制就是将6S内容规范化，使之成为员工的岗位责任。6S的活动内容，要具体到部门、各设备房，因此必须要有详细的内容。每个员工都要清楚自己的6S活动内容，知道5W2H（见表2-7）。

图2-11　在各部门推广示范6S活动经验

表2-7　5W2H

Why	为什么要做	Where	在哪里做
What	具体做些什么	When	什么时候做
Who	谁来做	How	怎么做
How much	做到什么程度		

责任区每月都坚持清扫，清扫范围包括自己所负责的管理区域（如图2-12至图2-14），清扫任务可利用30分钟来完成。

图2-12　6S责任人标识

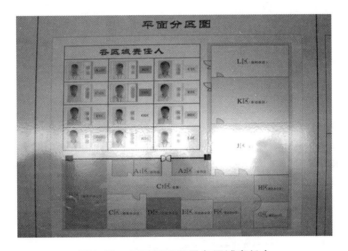

图2-13　厂区平面图及各区域责任人

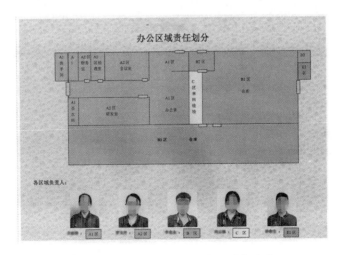

图2-14　办公室平面图及各区域负责人

2.6.2　全员参与

6S活动最有效的开展方法就是促进全体员工的积极参与，而且，6S活动的开展能为公司改善革新活动打下良好的现场管理基础，提高员工参与改善革新活动的自主性和积极性。

2.6.2.1　促进全员参与

要做到物业公司全员参与6S活动，要做好以下工作：

（1）明确每个人的6S职责，可以责任状的形式展现（如图2-15至图2-17）。6S活动的各个步骤，必须明确每一个人的任务和职责，由员工自主下功夫、想办法去落实6S职责任务。

（2）全员参与，实施改善。全员参与不仅能够创造舒适整洁的现场环境，也能改变员工的自我意识，使其能体会到现场改变后的成就感。

2.6.2.2　激活全员的参与热情

要激活6S活动，促进全员参与，就需要开展各种丰富多彩的活动，利用各种宣传工具或开展多种形式的活动，来激发员工的参与热情。

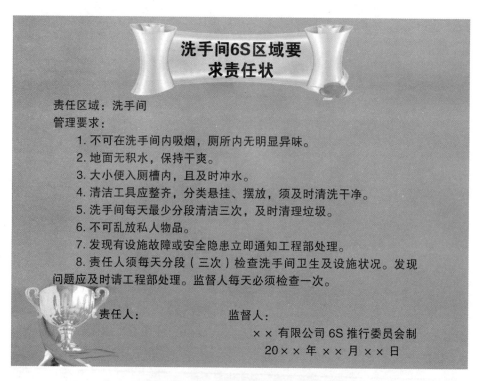

图2-15　洗手间6S区域要求责任状

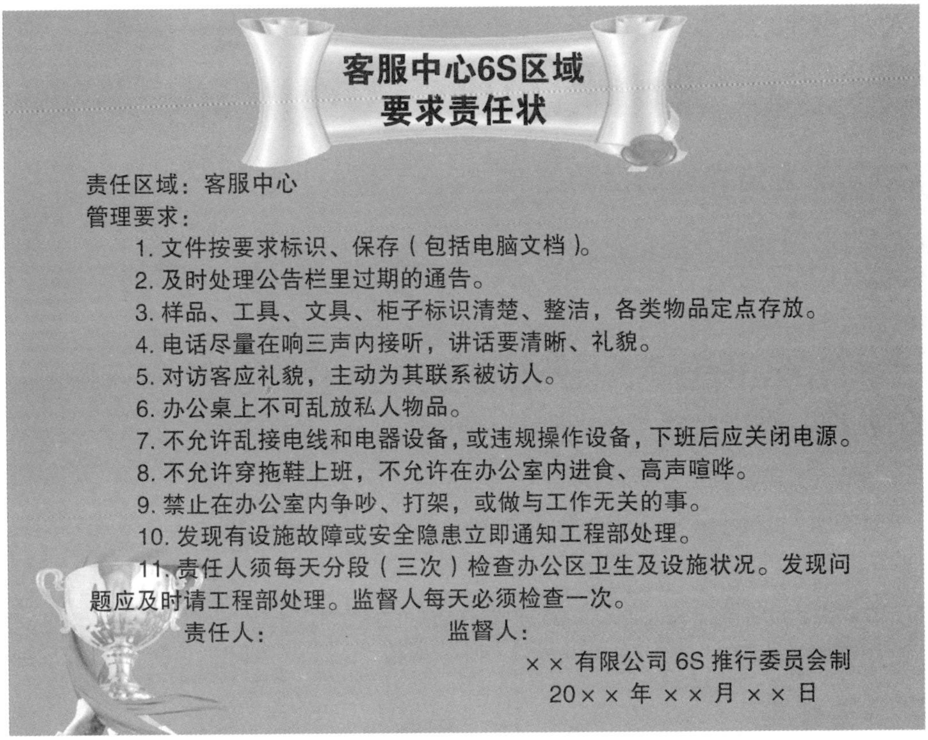

客服中心 6S 区域要求责任状

责任区域：客服中心

管理要求：

1. 文件按要求标识、保存（包括电脑文档）。
2. 及时处理公告栏里过期的通告。
3. 样品、工具、文具、柜子标识清楚、整洁，各类物品定点存放。
4. 电话尽量在响三声内接听，讲话要清晰、礼貌。
5. 对访客应礼貌，主动为其联系被访人。
6. 办公桌上不可乱放私人物品。
7. 不允许乱接电线和电器设备，或违规操作设备，下班后应关闭电源。
8. 不允许穿拖鞋上班，不允许在办公室内进食、高声喧哗。
9. 禁止在办公室内争吵、打架，或做与工作无关的事。
10. 发现有设施故障或安全隐患立即通知工程部处理。
11. 责任人须每天分段（三次）检查办公区卫生及设施状况。发现问题应及时请工程部处理。监督人每天必须检查一次。

责任人：　　　　监督人：

×× 有限公司 6S 推行委员会制

20×× 年 ×× 月 ×× 日

图 2-16　客服中心 6S 区域要求责任状

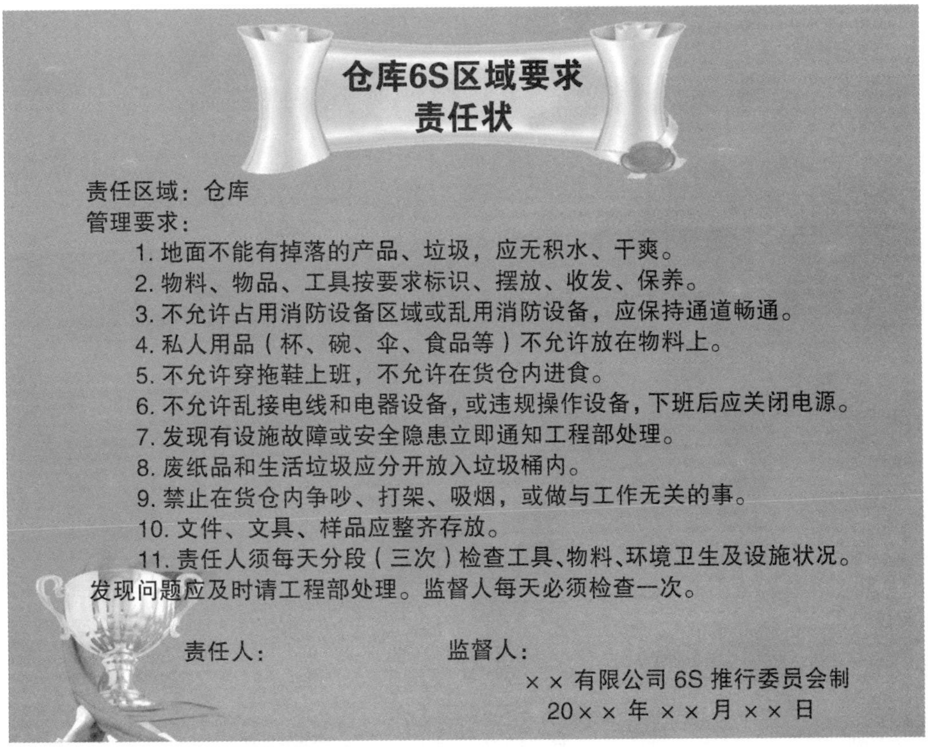

仓库 6S 区域要求责任状

责任区域：仓库

管理要求：

1. 地面不能有掉落的产品、垃圾，应无积水、干爽。
2. 物料、物品、工具按要求标识、摆放、收发、保养。
3. 不允许占用消防设备区域或乱用消防设备，应保持通道畅通。
4. 私人用品（杯、碗、伞、食品等）不允许放在物料上。
5. 不允许穿拖鞋上班，不允许在货仓内进食。
6. 不允许乱接电线和电器设备，或违规操作设备，下班后应关闭电源。
7. 发现有设施故障或安全隐患立即通知工程部处理。
8. 废纸品和生活垃圾应分开放入垃圾桶内。
9. 禁止在货仓内争吵、打架、吸烟，或做与工作无关的事。
10. 文件、文具、样品应整齐存放。
11. 责任人须每天分段（三次）检查工具、物料、环境卫生及设施状况。发现问题应及时请工程部处理。监督人每天必须检查一次。

责任人：　　　　监督人：

×× 有限公司 6S 推行委员会制

20×× 年 ×× 月 ×× 日

图 2-17　仓库 6S 区域要求责任状

2.7　6S活动日常检查与评比活动

2.7.1　检查与评比的活动方式

6S检查与评比分日常考核、定期/不定期检查两种方式。

2.7.1.1　日常检查

（1）由指定专人依照事先拟定的检查项目每日进行检查。

（2）当发现不合格项或违规项时，当场记录，请当事人签名。当事人不在现场时，拍照存证，或由现场其他人员签名。

（3）有不合格项或违规项时，视为严重违纪，检查人可逐级上报，至最终裁决层。

2.7.1.2　定期/不定期检查

由6S管理推进小组实施，检查方式比照日常检查进行。其检查路径、顺序由抽签方式实时决定。

定期检查评比通常一个月一次，针对的是所有的部门、所有的区域，同时，对检查的结果一定要做出比较，要排定名次，如果企业设有"6S之星"流动红旗的话，也要让这面旗"流动"起来，发挥激励的作用，如图2-18所示。

图2-18　6S之星

2.7.2　制定检查评分标准

检查评分标准要事先制定好，可以按车间和办公室来区分。

以下是某企业各部门6S检查评分标准表范本，供读者参考。

【范本2-08】▶▶▶

办公区 6S 检查评分标准表

被检查部门：　　　　　　　　得分：　　　　　　　　日期：

序号	检查标准	得分	备注
1	桌椅摆放整齐，擦拭干净，明确保养责任人		
2	办公桌、台柜、文件、数据、用具做好定位管理		
3	办公桌面上文件、文具是否按要求摆放整齐		
4	电话、计算机、打印机无尘		
5	桌椅、台柜无积尘		
6	计算机线、电话线是否集束，电源线路排列整齐		
7	个人物品与办公用品分开放置		
8	私人水杯是否按要求摆放		
9	台柜放置物品有标识且与存放的内容一致		
10	下班时，桌面清理整齐干净		
11	地面、角落清扫干净无积尘、纸屑		
12	各种电源、电路、灭火器及消火栓等是否定期检查		
13	窗帘、窗台干净无尘		
14	墙壁无蜘蛛网、手脚印		
15	墙壁无乱涂、乱画、乱贴		
16	办公桌上有无与工作无关的物品		
17	垃圾桶是否有定位线、最高定量线		
18	垃圾桶内的垃圾是否及时清理		
19	文件是否分类存放、标识清楚并有明确的负责人		
20	不要的旧文件、数据是否及时处理		
21	是否能随时取出必要的文件		
22	文件夹有标识且与放置内容一致		
23	同一部门的文件标识是否统一		
24	是否按公司着装要求着装		
25	厂区内是否只允许在指定区域进食		

续表

序号	检查标准	得分	备注
26	加分项：_____		
	总分：		

负责人签名： 　　　　　　检查人签名：

评分标准："0"表示没有或部分区域没有推行6S活动，"1"表示工作表现差，虽开展了6S活动，但没效果，"2"表示工作一般，有问题但不严重；"3"表示工作优良，基本符合6S活动要求；"4"表示工作优秀，6S活动推行彻底。

【范本2-09】▸▸▸

车间6S检查评分标准表

被检查部门：　　　　　　　　得分：　　　　　　　　日期：

序号	检查标准	得分	备注
1	经常使用的物品放在易取的地方		
2	长期不用但偶尔使用的物品放置在指定的位置		
3	物料、物品放置有总体规划		
4	区域划分有标识，且标识清楚		
5	是否划分不良品区，不良品是否有明确的标识		
6	不同的生产线、工序设有标识牌		
7	不同物料用适当的标识进行区分		
8	加工材料、待检物料、半成品等摆放整齐、美观		
9	搬运工具定位摆放，无油污		
10	机械设备清洁，无油墨或机油滴落		
11	机械设备摆放整齐，并有相应的标识		
12	工具摆放整齐、美观，且有标识		
13	工作台面整齐干净，无杂物、异物和私人用品		
14	工作场所整洁、不杂乱，且无杂物、异味		
15	原辅材料、半成品、成品要做到账、物、卡三者一致		
16	各种物料放置符合先进先出的原则		
17	地面清洁，无杂物、无油渍、无灰尘		

续表

序号	检查标准	得分	备注
18	墙面、天花板、门窗清洁，无蜘蛛网、污迹		
19	安全出口是否堆放有其他杂物		
20	是否按作业规定使用劳保用品		
21	各种电源、电路、灭火器及消火栓等是否定期检查		
22	清洁用品（抹布、手套、扫把等）定位摆放		
23	垃圾桶是否及时清理		
24	工作人员按要求着装、佩戴工作卡		
25	部门内部是否有关于6S的宣传栏		
26	加分项：_____		
	总分：		

负责人签名：　　　　　　　检查人签名：

评分标准："0"表示没有或部分区域没有推行6S活动，"1"表示工作表现差，虽开展了6S活动，但没效果，"2"表示工作一般，有问题但不严重；"3"表示工作优良，基本符合6S活动要求；"4"表示工作优秀，6S活动推行彻底。

2.7.3　实施检查

评比与考核的实施（见图2-19）与内审差不多（请参考内审的有关内容），在此不赘述。

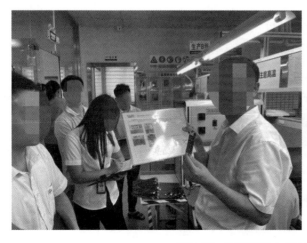

图2-19　现场评比与考核

2.7.4　检查后的处理

2.7.4.1　针对问题点发出红牌

这一点与内部审核一样，一定要针对不合格的地方发出红牌，要求被检查部门做出改善，承诺改善日期，并在确定的日期内进行复查，直到合格为止。

2.7.4.2　评比结果汇总

检查与评比组组长根据各个成员的"6S活动评比与考核表"填写"6S活动评比与考核结果报告表"，并连同评比检查表一起上交6S推行办公室。由6S推行办公室做出评比结果汇总（见表2-8）。

表2-8　工厂6S检查打分情况汇总表

6S区域		检查日期	检查人员	6S检查打分	上月得分	备注
办公区	市场部					
	技术部					
	采购部					
	PMC①					
	仓库					
	品质部					
	工程部					
车间	电镀车间					
	喷漆车间					
	装配车间					
	包装车间					
	……					
仓库	原材料仓					
	半成品仓					
	成品仓					

① PMC（Production Material Control），指生产计划与物料控制。

2.7.5　评比分析报告

评比分析报告即对本次评比中出现的问题，尤其是扣分比较多的问题进行分析，提出改进措施。

以下提供某企业各车间6S检查内容汇总及简析报告，供读者参考。

【范本2-10】▶▶

××年度各车间6S检查内容汇总及简析

序号	检查标准	各车间失分项分析	改善建议
1	经常使用的物品放在易取用的地方	本项各车间做得较好，极少扣分，但现场容易出现混乱	各车间注意综合评估现场环境，统一规划，合理放置
2	长期不用但偶尔使用的物品放置在指定的位置	多数区域做得较到位，较少扣分，但主要不足是无相应标识	各车间加强管理，及时做好标识
3	物料、物品放置有总体规划	各区域均有总体规划概念，但现场没有明确体现，有时因人员调动，会出现混乱	车间从整体上规划本部门的清洁区，重点控制，全面预防
4	区域划分有标识，且标识清楚	各部门或区域极少被扣分，做得较好	
5	是否划分不良品区，不良品是否有明确的标识	多数区域做得较到位，个别部门因划分不明确，无固定区域，易导致不良品出现交叉污染隐患，主要涉及区域为成品仓	做好规划，明确不同产品区域，同时加强日常管理和监督检查工作
...			

注：评分标准为满分100分，共25个项目，每个分项目满分为4分。第26项为"加分项"，奖励提出合理化建议者。"0"分表示该单项没有或部分区域没有推行6S活动；"1"分表示该单项工作表现差，虽开展了6S活动，但没效果；"2"分表示该单项工作一般，有问题但不严重；"3"分表示该单项工作优良，基本符合6S活动要求；"4"分表示该单项工作优秀，6S活动推行彻底。"加分项"定为每个合理化建议加2分

2.7.6　评比结果的运用

每次评比与考核都应该将结果公布出来，并根据评比考核办法，该奖的要奖，该罚的要罚。如果有流动红旗的话，一定要运用起来。

2.8　6S活动评审

6S活动评审指评价6S活动和有关结果是否符合公司的期望和要求，并寻求继续改善的可能性，有些企业会按照ISO 9001管理体系的要求进行自我系统性的检查，也就是内部审核，内部审核的活动通常一个季度一次，有的也可能一年一次（见图2-20）。

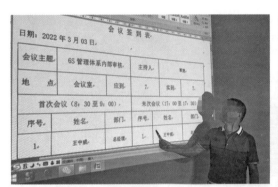
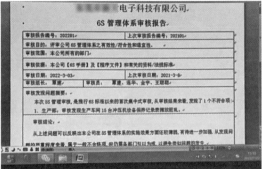

图2-20　内部审核

2.8.1　制定6S审核评分标准

为确保定期的6S内部审核既有标准可依，又使内部审核具有公平性，6S推行小组须事先制定评分标准，而且这一标准要让全体员工了解，以便在评审时能做到使人心服口服。

对工厂而言，6S的内审检查评分标准分为两种：一种是用于工作现场的评分标准，适用于车间、仓库等一线部门；另一种是科室评分标准，适用于办公室等非生产一线的工作场所。评分标准中的内容一般按6S即整理、整顿、清扫、安全、清洁、素养六个方面来制定，也可以根据所在区域的布置情况来进行设计。

下面是某企业办公区与生产区评分标准，供读者参考。

【范本2-11】▶▶▶

办公区6S内审评分标准

项目	序号	标准内容	得分
1.1 地面	1.1.1	办公设施通道畅通	−1
	1.1.2	地面无垃圾、无杂物，保持清洁	−1
	1.1.3	暂放物有"暂放标识牌"	−1
	1.1.4	物品存放于定位区域内	−1
	1.1.5	地面无积水	−1
	1.1.6	地面的安全隐患处（凸出物、地坑等）应有防范或警示措施	−1
1.2 垃圾桶	1.2.1	定位摆放，标识明确	−1
	1.2.2	本身保持干净，垃圾不超出容器边缘	−1
1.3 盆栽（包括台上摆放的）	1.3.1	盆栽需定位（无需定位线）	−1
	1.3.2	盆栽周围干净、美观	−1
	1.3.3	盆栽叶子保持干净、无枯死	−1
	1.3.4	盆栽容器本身干净	−1
2.1 办公桌、椅	2.1.1	办公桌定位摆放，隔断整齐	−1
	2.1.2	抽屉应有分类标识，标识与物品相符	−1
	2.1.3	台面保持干净，无灰尘杂物，无规定外的物品	−1
	2.1.4	台面物品按定位摆放（除正在使用外），不拥挤、凌乱	−1
	2.1.5	人员下班或离开工作岗位10分钟以上，台面物品、办公椅归位	−1
	2.1.6	办公抽屉不杂乱，公私物品分类放置	−1
	2.1.7	与正进行的工作无关的物品应及时归位	−1
	2.1.8	玻璃板下压物尽量少并放置整齐，不压日历、电话表以外的物品	−1
2.2 茶水间、饮水区	2.2.1	饮水区地面无积水	−1
	2.2.2	饮水区整洁、卫生	−1
	2.2.3	饮水器保持正常状态	−1
	2.2.4	水杯、水瓶定位、标识清晰	−1

项目	序号	标准内容	得分
2.3 其他办公设施	2.3.1	热水器、空调、计算机、复印机、传真机、碎纸机等保持正常状态，如有异常需明显标识出来	−1
	2.3.2	保持干净	−1
	2.3.3	明确责任人	−1
	2.3.4	暖气片及管道上不得放杂物	−1
3.1 门、窗	3.1.1	门窗玻璃保持明亮干净	−1
	3.1.2	窗帘保持干净	−1
	3.1.3	窗台上无杂物	−1
	3.1.4	门窗、窗帘无损坏	−1
	3.1.5	有门牌标识	−1
	3.1.6	门窗玻璃无乱张贴现象	−1
3.2 墙	3.2.1	保持干净，无脏污、乱画	−1
	3.2.2	没有非必需品悬挂	−1
	3.2.3	电器开关处于安全状态，标识明确	−1
	3.2.4	墙身贴挂应保持整齐，通知在公告栏内	−1
	3.2.5	墙体破损处及时修理	−1
	3.2.6	没有蜘蛛网	−1
3.3 天花板	3.3.1	破损处及时修复，没有剥落	−1
	3.3.2	没有吊着非必需品	−1
3.4 公告栏、广告牌	3.4.1	单位主要部门应有广告牌（如"人员去向板""管理广告牌"等）	−1
	3.4.2	做好版面设置，标题明确，有责任人	−1
	3.4.3	无过期张贴物	−1
	3.4.4	员工去向管理板及时填写、及时擦除	−1
	3.4.5	笔刷齐备，处于可使用状态	−1
	3.4.6	内容充实、及时更新	−1
4.1 文件资料、文件盒	4.1.1	定位分类放置	−1
	4.1.2	按规定标识清楚，明确责任人	−1
	4.1.3	夹（盒）内文件定期清理、归档	−1

项目	序号	标准内容	得分
4.1 文件资料、文件盒	4.1.4	活页夹（盒）保持干净	−1
	4.1.5	文件归入相应活页夹（盒）	−1
	4.1.6	单位组长以上管理人员应建立"6S专用文件夹"，保存主要的6S活动资料文件	−1
4.2 文件柜（架）	4.2.1	文件柜分类标识清楚，明确责任人	−1
	4.2.2	文件柜保持干净，柜顶无积尘、杂物	−1
	4.2.3	文件柜内放置整齐	−1
	4.2.4	文件柜内物品、数据应分区定位，标识清楚	−1
5.1 服装、鞋袜	5.1.1	不穿时存放于私人物品区	−1
	5.1.2	服装、鞋袜、洗漱用品放入指定区域	−1
5.2 私物	5.2.1	一律摆放于私人物品区	−1
6.1 着装标准	6.1.1	按着装规定穿戴服装、配件	−1
	6.1.2	工作服、帽，干净无破损	−1
6.2 规章制度	6.2.1	没有呆坐，打瞌睡	−1
	6.2.2	没有聚集闲谈或大声喧哗	−1
	6.2.3	没有吃零食	−1
	6.2.4	不做与工作无关的事项（看报、看小说等）	−1
	6.2.5	没有擅自串岗、离岗	−1
	6.2.6	配合公司6S活动，尊重检查指导人员，态度积极主动	−1
	6.2.7	单位班组长以上管理人员应建立"6S专用文件夹"，保存主要的6S活动资料文件	−1
	6.2.8	工作区域的6S责任人划分清楚，无不明责任的区域	−1
	6.2.9	"6S区域清扫责任表"和点检表要按时、准确填写，不超前、不落后，保证与实际情况相符	−1
	6.2.10	单位应制定本单位"6S员工考核制度"，并切实执行，保存必要记录	−1
	6.2.11	单位应有"6S宣传栏（或园地）"，有专人负责，定期更换，并保存记录	−1
	6.2.12	单位经常对职工（含新员工）进行6S知识的宣传教育，并有记录	−1
	6.2.13	单位建立经常性的晨会制度，车间级每天至少一次，班组每天班前进行一次	−1

续表

项目	序号	标准内容	得分
6.2 规章制度	6.2.14	按"礼貌运动推行办法"教育职工，要求员工待人有礼有节，不说脏话，做文明礼貌人	−1
	6.2.15	各单位应制定本单位"职业规范"，教育职工严格遵守	−1
	6.2.16	要求单位成员对6S活动的口号、意义、基本知识有正确认识，并能够清楚表述	−1
7.1 能源	7.1.1	厉行节约，无长流水、长明灯等浪费现象	−1
8.1 休息室、休息区、会客室、会议室	8.1.1	各种用品保持干净，定位标识	−1
	8.1.2	各种用品及时归位	−1
	8.1.3	饮用水应保证安全卫生	−1
	8.1.4	烟灰缸及时倾倒	−1
	8.1.5	地面保持干净	−1
8.2 洗手间	8.2.1	保持干净，无异味，无乱涂乱画	−1
	8.2.2	各种物品应摆放整齐，无杂物	−1
8.3 清洁用具	8.3.1	清洁用具定位摆放，标识明确	−1
	8.3.2	清洁用具本身干净，容器内垃圾及时倾倒	−1
9.1 加减分	9.1.1	同一问题重复出现，重复扣分	−5
	9.1.2	发现未实施整理整顿清扫的"6S实施死角"1处	−6
	9.1.3	有突出成绩的事项（如创意奖项），视情况加分	+2

【范本2-12】▶▶

作业区6S内审评分标准

项目	序号	标准内容	得分
1.1 地面	1.1.1	地面物品摆放有定位、标识、合理的容器	−1
	1.1.2	地面应无污染（积水、油污、油漆等）	−1
	1.1.3	地面应无不要物、杂物，无卫生死角	−1
	1.1.4	地面区域划分合理，区域线、标识清晰无剥落	−1
	1.1.5	应保证物品存放于定位区域内，无压线	−1
	1.1.6	安全警示区划分清晰，有明显警示标识，悬挂符合规定	−1
	1.1.7	地面的安全隐患处（凸出物、地坑等）应有防范或警示措施	−1

续表

项目	序号	标准内容	得分
1.2 设备、仪器、仪表、阀门	1.2.1	开关、控制面板标识清晰，控制对象明确	−1
	1.2.2	设备仪器保持干净，摆放整齐，无多余物	−1
	1.2.3	设备仪器有明确责任人，坚持日常点检，有真实的记录，确保记录清晰、正确	−1
	1.2.4	应保证处于正常使用状态，非正常状态应有明显标识	−1
	1.2.5	危险部位有警示和防护措施	−1
	1.2.6	设备阀门标识明确	−1
	1.2.7	仪表盘干净清晰，有正确的范围标识	−1
1.3 材料、物料	1.3.1	放置区域合理划分，使用容器合理，标识明确	−1
	1.3.2	各种原材料、半成品、成品应整齐码放于定位区内	−1
	1.3.3	不合格品应分类码放于不合格品区，并有明显的标识	−1
	1.3.4	物料、半成品及产品上无积尘、杂物、脏污	−1
	1.3.5	零件及物料无散落地面现象	−1
1.4 容器、货架	1.4.1	容器、货架等应保持干净，物品分类定位摆放整齐	−1
	1.4.2	存放标识清楚，标识向外	−1
	1.4.3	容器、货架本身标识明确，无过期及残余标识	−1
	1.4.4	容器、货架无破损及严重变形	−1
	1.4.5	危险容器搬运应安全	−1
1.5 叉车、电瓶车、拖车	1.5.1	定位停放，停放区域划分明确，标识清楚	−1
	1.5.2	应有部门标识和编号	−1
	1.5.3	应保持干净并可安全使用	−1
	1.5.4	应有责任人及日常点检记录	−1
1.6 工具箱、柜	1.6.1	柜面标识明确，与柜内分类对应	−1
	1.6.2	柜内工具分类摆放，明确品名、规格、数量	−1
	1.6.3	有合理的容器和摆放方式	−1
	1.6.4	各类工具应保持完好、清洁，保证可正常使用	−1
	1.6.5	各类工具使用后及时归位	−1
	1.6.6	柜顶无杂物，柜身保持清洁	−1
1.7 工作台、凳、梯	1.7.1	上面物品摆放整齐、安全，无不要物，非工作用品不得摆放	−1
	1.7.2	保持正常状态、整洁干净	−1
	1.7.3	非工作状态时按规定位置摆放（归位）	−1

续表

项目	序号	标准内容	得分
1.8 清洁用具、清洁车	1.8.1	定位合理不堆放，标识明确，及时归位	−1
	1.8.2	清洁用具本身干净整洁	−1
	1.8.3	垃圾不超出容器口边缘	−1
	1.8.4	抹布等应定位，不可乱放或直接挂在暖气上	−1
1.9 暂放物	1.9.1	不在暂放区的暂放物需有暂放标识	−1
	1.9.2	暂放区的暂放物应摆放整齐、干净	−1
1.10 呆料	1.10.1	有明确的摆放区域，并予以分隔	−1
	1.10.2	应有明显标识	−1
	1.10.3	做好防尘及清扫工作，保持干净	−1
1.11 油桶、油类	1.11.1	有明确的摆放区域，分类定位，标识明确	−1
	1.11.2	按要求摆放整齐，加油器具定位放置，标识明确，防止混用	−1
	1.11.3	油桶、油类的存放区应有隔离防污措施	−1
1.12 危险品（易燃有毒等）	1.12.1	有明确的摆放区域，分类定位，标识明确	−1
	1.12.2	隔离摆放，远离火源，并有专人管理	−1
	1.12.3	有明显的警示标识	−1
	1.12.4	不使用时应存放在指定区域内	−1
1.13 通道	1.13.1	通道划分明确，保持通畅，无障碍物，不占道作业	−1
	1.13.2	通道两侧物品不超过通道线	−1
	1.13.3	占用通道的工具、物品应及时清理或移走	−1
	1.13.4	通道线及标识保持清晰完整	−1
2.1 墙身	2.1.1	墙身、护墙板及时修复，确保无破损	−1
	2.1.2	保持干净，没有剥落物，无蜘蛛网、积尘	−1
	2.1.3	贴挂墙身的各种物品应整齐，通知在公告栏内	−1
	2.1.4	墙身保持干净，无不要物（如过期标语、封条等）	−1
	2.1.5	主要区域、房间应有标识铭牌或布局图	−1
	2.1.6	生产现场应无隔断遮挡等	−1
2.2 数据、标识牌	2.2.1	应有固定的摆放位置，标识明确	−1
	2.2.2	作业指导书、记录、标识牌等挂放或摆放整齐、牢固	−1
	2.2.3	标牌、数据记录正确具有可参考性	−1
	2.2.4	组长以上管理人员应建立6S专用文件夹，保存主要的6S活动资料文件	−1

续表

项目	序号	标准内容	得分
2.3 宣传栏、广告牌	2.3.1	主要班组应有广告牌（如"班组园地""管理广告牌"等）	−1
	2.3.2	干净并定期更换，无过期公告并明确责任人	−1
	2.3.3	版面设置美观、大方，标识明确，内容充实	−1
2.4 桌面	2.4.1	现场桌面无杂物、报纸、杂志	−1
	2.4.2	物品摆放有明确位置、不拥挤凌乱	−1
	2.4.3	桌面干净、无明显破损	−1
	2.4.4	玻璃板下压物尽量少并放整齐，不压日历、电话表以外的物品	−1
2.5 电器、电线、开关、电灯	2.5.1	开关须有控制对象标识，无安全隐患	−1
	2.5.2	保持干净	−1
	2.5.3	电线布局合理整齐、无安全隐患（如裸线、线上挂物等）	−1
	2.5.4	电器检修时需有警示标识	−1
2.6 消防器材	2.6.1	摆放位置明显，标识清楚	−1
	2.6.2	位置设置合理，有红色警示线，线内无障碍物	−1
	2.6.3	状态完好，按要求摆放，干净整齐	−1
	2.6.4	有责任人并定期点检	−1
2.7 辅助设施	2.7.1	风扇、照明灯、空调等按要求放置，清洁无杂物，无安全隐患	−1
	2.7.2	日用电器无人时应关掉，无浪费现象	−1
	2.7.3	门窗及玻璃等各种公共设施干净无杂物	−1
	2.7.4	废弃设备及电器应标识状态，及时清理	−1
	2.7.5	保持设施完好、干净	−1
	2.7.6	暖气片及管道上不得放杂物	−1
3.1 着装及劳保用品	3.1.1	劳保用品明确定位，整齐摆放，分类标识	−1.5
	3.1.2	按规定要求穿戴工作服，着装整齐、整洁	−1.5
	3.1.3	按规定戴面罩、安全帽等防护用品	−1.5
	3.1.4	晾衣应有专门区域，合理设置不影响工作及房间美观	−1.5
3.2 规章制度	3.2.1	工作时间不得睡觉	−1.5
	3.2.2	无聚集闲谈，吃零食和大声喧哗	−1.5
	3.2.3	不看与工作无关的书籍、报纸、杂志	−1.5
	3.2.4	不乱丢烟头（工作区、厂区）	−1.5

续表

项目	序号	标准内容	得分
3.2 规章制度	3.2.5	配合公司6S活动，尊重检查指导人员，态度积极主动	−1.5
	3.2.6	要求单位成员对6S活动的口号、意义、基本知识有正确认识，并能够表述清楚	−1.5
	3.2.7	没有擅自串岗、离岗	−1.5
	3.2.8	单位班组长以上管理人员应建立"6S专用文件夹"，保存主要的6S活动资料文件	−1.5
	3.2.9	工作区域的6S责任人划分清楚，无不明责任的区域	−1.5
	3.2.10	"6S区域清扫责任表"和点检表要按时、准确填写，不超前、不落后，保证与实际情况相符	−1.5
	3.2.11	单位应制定本单位"6S员工考核制度"，并切实执行，保存必要记录	−1.5
	3.2.12	应有"6S宣传栏（或园地）"，有专人负责，定期更换，并保存记录	−1.5
	3.2.13	经常对职工（含新员工）进行6S知识的宣传教育，并有记录	−1.5
	3.2.14	建立晨会制度，车间级每天至少一次，班组每天班前进行一次	−1.5
	3.2.15	按"礼貌运动推行办法"教育职工，要求员工待人有礼有节，不说脏话，做文明礼貌人	−1.5
	3.2.16	制定本单位"职业规范"，教育职工严格遵守	−1.5
	3.2.17	员工对本单位"职业规范"有正确认识，并能够表述清楚	−1.5
3.3 生活用品、私人用品	3.3.1	定位标识，整齐摆放，公私物品分开	−1.5
	3.3.2	水壶、水杯按标识摆放整齐，保持干净	−1.5
	3.3.3	毛巾、洗漱用品、鞋袜等按要求摆放整齐，保持干净	−1.5
3.4 加减分	3.4.1	同一问题重复出现，重复扣分	−10
	3.4.2	发现未实施整理整顿清扫的"6S实施死角"1处	−10
	3.4.3	有突出成绩的事项（如创意奖项），视情况加分	+2

2.8.2 制定内部审核评分表

推行小组在制定评分表时要遵循以下原则。

（1）绝不能用一张表"打通关"，一定要依单位的性质制定不同的评分内容与标准。

（2）将所希望的有关部门达到的目标或方向，作为检核的内容。

同时，推行小组在编制评分表过程中还要考虑到不同企业的实际情况和生产特点，力求内容全面，但版本不能太多，这样大家可以以同一标准进行考核，互相有比较。

另外，由于每个企业的性质有所不同，所以，为了保证6S的评分表能达到客观的目的，评分表的设计最好是量身定做。

以下是某企业车间（生产区）和办公区的内审评分表范本，供读者参考。

【范本2-13】▶▶▶

车间 6S 内审评分表

序号	项目	项目内容	评定分数	车间A	车间B	…
1	整理	责任区内把永远不用及不能用的物品清理掉				
		责任区内把半个月以上不用的物品放置在指定位置				
		工作台面上废料及时清理，并放置在指定废料盒上				
		责任区的每一区域有指定的6S负责人并标识				
		重点工位不良品及时清理，并放在指定地方				
		车间管理人员办公桌按办公区6S规范严格要求				
2	整顿	工作区、物品放置区、通道位置必须进行规划，并明显标识				
		责任区内产品、吸塑盒、工装夹治具、物料的放置有规划				
		产品、吸塑盒、工装夹治具、物料放置分类，并明显标识				
		通道畅通，无物品占用通道				
		生产线有标识，物料盒有标识				
		工序有标识				
		设备有标识				
		工装夹治具有标识				
		仪器设备、工装夹治具摆放整齐				
		工作台面物料、成品、半成品摆放整齐				

续表

序号	项目	项目内容	评定分数	车间A	车间B	...
3	清扫	地面无杂物、脏污				
		墙壁无污痕				
		天花板无蜘蛛网				
		门窗干净，无灰尘				
		工作台面清扫干净，无灰尘				
		仪器设备、工装夹治具无灰尘油污，干净整齐				
		箱盖无灰尘				
4	安全	本月内没有安全事故发生（如有，安全项为0分）				
		每个楼层均有紧急逃生图且员工易于理解				
		车间安全标识齐全且张贴于醒目处				
		设备操作指导书上均有安全操作规则				
		设备、化学品均处于安全状态				
		所有安全通道、消防通道均畅通无阻				
		定期进行员工安全意识培训				
		定期进行安全事故的统计和原因分析并向员工宣讲				
5	清洁	每天下班有6S工作安排				
		有自我检查计划并做记录（检查人、时间、情况）				
		对存在的问题能及时纠正改善				
		整理、整顿、清扫保持良好				
		物料盒、废料盒定时清洁				
6	素养	员工戴厂牌，着装符合规范，工帽符合规范				
		生产线工作人员工作时间不许佩戴手表及其他金属物				
		员工离位时必须把凳子放在靠工作台的地方				
		员工必须按制程要求佩戴指套、防静电手腕				
		防静电手腕、温湿度记录表完整				
		员工须对6S核查人员的询问积极回答				
		员工工作时间观念强				
		工作人员坐姿端正				
	总分					

检查员：   检验日期：

【范本2-14】▶▶

办公室 6S 内审评分表

序号	项目	项目内容	评定分数	采购部	财务部	...
1	整理	将不再使用的文件数据、工具做废弃处理				
		将长期不使用的文件数据按编号归类放置指定文件柜				
		将常使用的文件数据放置在就近位置				
		将正在使用的文件数据分未处理、正处理、已处理三类				
		将办公用品摆放整齐				
		台面、抽屉内物品摆放整齐				
2	整顿	办公桌、办公用品、文件柜等放置要有规划并标识				
		办公用品、文件放置要整齐有序				
		文件处理完后均要放入活页夹且要摆放整齐				
		活页夹都有相应的标识，每份文件都有相应的编号				
		办公桌及抽屉内整齐、不杂乱				
		私人物品放置于规定位置				
		计算机线用绑带扎起，不凌乱				
		习惯用计算机检索文件				
3	清扫	将地面、墙面、天花板、门窗、办公台等打扫干净				
		办公用品整齐干净				
		文件记录破损处修补好				
		办公室通风、光线充足				
		没有噪声和其他污染				
4	安全	本月内没有安全事故发生（如有，安全项为0分）				
		每个楼层均有紧急逃生图且员工易于理解				
		安全标识齐全且张贴于醒目处				
		所有安全通道、消防通道均畅通无阻				
		定期进行员工安全意识的培训				
		定期进行安全事故的统计和原因分析并向员工宣讲				
5	清洁	每天上下班花5分钟做6S工作				
		随时自我检查，互相检查，定期或不定期进行检查，对不符合的情况及时纠正				
		整理、整顿、清扫保持良好				

续表

序号	项目	项目内容	评定分数	采购部	财务部	...
6	素养	员工戴厂牌，穿厂服且整洁得体，仪容整齐大方				
		员工言谈举止文明有礼，对人热情大方				
		员工工作精神饱满，员工有团队精神，互帮互助，积极参加6S活动，员工时间观念强				
		总分				

检查员：　　　　　　　　　　　　　　　　检验日期：

2.8.3 实施审核

2.8.3.1 主要审核内容

（1）执行标准是否贯彻实施。

（2）全员意识是否建立。

2.8.3.2 审核思路

审核思路如图2-21所示。

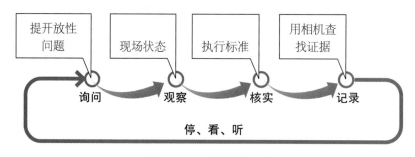

图2-21 6S的审核思路

2.8.3.3 提出不符合项

审核员对在现场审核中发现的不符合点应该拍下照片记录，并用箭头标出不符合点，然后用文字准确地描述不符合的情况，如图2-22所示。

2.8.3.4 出具不合格报告

同时，6S推行小组要出具不合格报告，将不合格事项加以说明，并把判断依据等填写清楚，如表2-9所示。

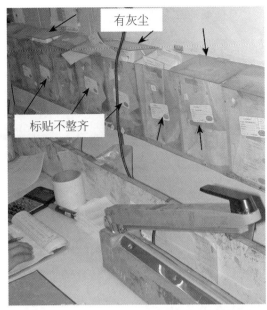
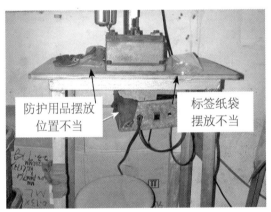
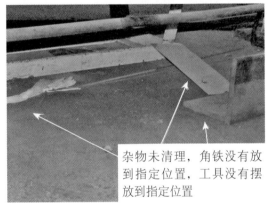

图 2-22　现场 6S 不符合项图片

表 2-9　6S 检查不合格报告

受检查部门：　　　　　　　　　检查员：　　　　　　　检查日期：

序号	不合格事项说明	依据	确认	预计改善完成日期	改善跟进

2.8.4　实施状况跟踪

跟踪是审核工作的延续，旨在对受审核方所采取的纠正和预防措施进行评估，以验证并判断这些措施的效果，同时记录验证的具体情况。

2.8.4.1　跟踪的形式

推行小组以书面形式提供给审核员或跟踪工作负责人，作为已进行纠正和预防措施的证据；审核员需到现场进行跟踪、验证工作。

2.8.4.2　跟踪工作中审核员的职责

（1）证实受审核方已经找到不合格的原因。

（2）证实采取的纠正和预防措施是有效的。

（3）在跟踪过程中，审核员要证实所涉及的人员对纠正和预防措施有所认识，并进行了适当的培训，以适应变化后的情况。审核员要记录所采取的纠正和预防措施，并对有关措施进行改进，同时向审核组长汇报跟踪的结果。

2.8.4.3　跟踪程序

（1）审核组鉴别实际或潜在的不合格。

（2）审核组要向受审核方提出采取纠正和预防措施的建议，向受审核方发出改善通知。

（3）受审核方要提交纠正和预防计划（见表2-10）。

（4）对采取纠正和预防措施的可行性予以评审。

（5）受审核方要实施并完成纠正预防措施。

（6）审核人员对审核状况不满意时，可以要求受审核方采取进一步的行动。

表2-10　不符合项纠正和预防计划

序号	不符合项	纠正或预防措施	责任部门	责任人	计划完成日期	确认人	确认结果	备注

实例

纠正及预防措施通知

不合格点的说明

审核日期：__2024年6月28日__

审核地点：__2楼生产部左边入口处__

改善前照片

NC 编号：__6SCAR02093001__

审核员/记录员：__×××__

违反标准：__4.4__

不合格点的说明：

4H~4N出口处灭火器下面堆放物品，严重阻塞通道

纠正及预防　　措施纠正人：__×××__　　纠正日期：__2024年7月11日__

改善后照片

纠正及预防措施：

划定区域，整治乱摆放现象

跟进结果：__跟进时已划好区域地线，并整治乱摆放现象__

跟进者：__×××__　　审批：__×××__　　2024年7月15日

2.8.4.4 跟踪要点

对于采取的纠正和预防措施，如果效果不好，审核员应该重新采取纠正措施，并进行更加细致的跟踪检查，对有效的纠正和预防措施，应进一步巩固成果。

 小贴士

实施跟踪的人员可由原审核组的成员来担任，也可以委托其他有资格的人来担任。实施跟踪的人员必须了解该项跟踪工作的数据和具体情况。

2.8.4.5 跟踪检查报告

跟踪检查报告就是对于重大的纠正或预防措施实施跟踪后所形成的书面报告。跟踪检查报告可以针对一条或若干条纠正和预防措施，反映纠正和预防措施的结果，报告通常由跟踪检查人撰写，由跟踪工作负责人，如审核组长、6S推进委员会主任批准。

下面是某企业6S跟踪检查报告以及6S改善方案及执行报告，供读者参考。

【范本2-15】▶▶

6S 跟踪检查报告

序号	不良状况描述	责任部门	部门主管	改善措施或处理结果	改善完成时间	内审小组跟踪确认
1	工程部物料仓开关盒上无标识	工程部	×××	已改善		
2	工程部物料仓小材料盒的标识不规范	工程部	×××	未完全改善		
3	工程部物料仓用很多皱纹胶纸贴电源线	工程部	×××	已改善		
4	工程部制板房模具生锈严重	工程部	×××	已浸油		
5	工程部样品存放在地面上（建议做样品货架）	工程部	×××	还在焊样品架		
6	工程部饮水处水桶摆放杂乱	工程部	×××	已改善		
7	工程部灭火器上沾有水泥浆	工程部	×××	已改善		
8	品控部寿命测试房的右侧外墙有裂缝	品控部	×××	已改善		
9	品控部寿命测试房的一间配电房里三部电箱正在工作，里面温度很高，没有排风系统（排风扇已购，待安装）	品控部	×××	风扇正在安装		

【范本2-16】▶▶▶

6S 改善方案及执行报告

部门：生产部　　　　　　　　　　　　　日期：2024年4月30日

评审区域或项目	部门改善方案	部门自评结果	检查验收结果
一、办公区域			
1. 档案摆放分类标识	（1）同类档案放在一个活页夹中，并做好标识 （2）档案归档后放入档案柜中，并做好标识	好，但还需要改善档案的分类，需明细清楚、一目了然	
2. 办公台面/地面整洁	（1）办公台面不允许放置任何物品 （2）要求每天进行地面清扫 （3）不允许员工丢垃圾、随便吐痰	一般，卫生死角很多待清理	
3. 办公区域广告牌管理	生产现状板上填写内容：当天生产型号、计划数、分组人数、完成时间	清楚、明白，无过期	
4. 办公用品及纸张管理	纸张做到双面打印，对外工作联系尽量用电子邮件方式	好，从节约出发，当省则省	
二、加工或装配车间			
1. 6S 状况	生产现场不允许存放不用的物品或工具	无不用的物品或工具	
2. 节约（详见部门降低成本方案）	（1）减少生产中产生的边角料 （2）节约用水，下班关灯	已改善	
3. 车间环境的改善状况	生产线实行配料上线，减少生产线物品积压	已改善	
4. 车间区域标识区分	车间内按要求划分合格品放置区、包装材料放置区	已改善	
5. 车间物品管理状况	所有物品在规定区域内摆放	已改善	

图2-23　审核总结

2.9 定期调查以调整方向

2.9.1 调查方式

推行小组应定期在公司范围内开展调查，了解员工对6S的认识及推行工作中的问题，请员工提出一些看法和建议，然后，分析这些问题，适时地调整6S活动开展的方向。调查可以以问卷的方式，也可以深入现场进行访谈、拍照记录。

下面是某企业6S推行调查问卷，供读者参考。

【范本2-17】▸▸▸

6S 推行调查问卷

姓名：_____   部门：_____

请根据以下项目，评价6S推行对公司及部门整体运作的表现，以便制定下半年的政策及目标，从而改善工作环境，提高产品质量、企业生产能力、企业形象及企业竞争力。

序号	评价专案	非常满意	满意	一般	差	恶劣
		5	4	3	2	1
1	6S执行效果的维持					
2	所有经营场地的通道（包括宿舍区）畅通程度					
3	各部门区域环境卫生状况					
4	你对6S的认识					
5	部门工作效率（如取用文件、物料、工具的速度和准确性）					
6	举办6S培训的层次及深度					
7	对于6S审核的频率及力度					
8	对于设立的6S专栏及其内容的了解程度					
9	6S推行后对产品的质量所起到的作用（如物料标识、区域划分、指引及文件的规范、仪器校正及设备维护、工作环境的优化等方面）					
10	推行6S后公司的整体形象					

11.6S推行以来，你认为有哪些方面是改善最为显著的地方

12.你认为哪些方面仍未达到预期目标

13.对于下半年如何更好地推动6S活动，以及调动大家的积极性，您的建议是：

2.9.2　要出具调查报告

不管是问卷调查，还是深入现场与工作人员访谈、拍照，审核员最好要形成调查报告，要对调查的结果进行分析、总结，并提出下一阶段的任务，最好就某些突出的问题提出具体的建议。

下面是某企业6S推行调查问卷统计分析报告（模板），供读者参考。

【范本2-18】▶▶

6S推行调查问卷统计分析报告（模板）

统计期间：

问卷发出份数：　　　　　　收回份数：　　　　　　收回率：

统计结果如下

问题	非常满意	满意	一般	差	恶劣	满意度
1.6S执行效果的维持						
2.整间公司经营场地的通道（包括宿舍区）畅通程度						
3.各部门区域环境卫生状况						
4.各阶层人员对6S的认识						
5.部门工作效率（如取用文件、物料、工具的速度和准确性						
6.举办6S培训的层次及深度						
7.对于6S审核的频率及力度						
8.对于设立的6S专栏及其内容的了解程度						

续表

问题	非常满意	满意	一般	差	恶劣	满意度
9. 6S推行后对产品的质量所起到的作用（如物料标识、区域划分、指引及文件的规范、仪器校正及设备维护、工作环境的优化等方面）						
10. 推行6S后公司的整体形象						
合计						

一、对统计结果的分析

_____

二、委员会成员的意见

1. 对6S推行以来有以下方面显著的改善

_____

2. 以下方面仍未达到预期目标

_____

3. 对下半年推行6S的建议

_____

第 3 章

6S 的推行方法

3.1 定置管理

定置管理是根据安全、品质、效率、效益及物品本身的特殊要求，研究并分析人、物、场所的状况及它们之间的关系，并且通过整理、整顿、改善生产现场条件，促进人、机器、原材料、制度、环境有机结合的一种管理方法。具体来说，定置管理就是给每个物品规定位置并画线（见图3-1），保证其不会放错位置。

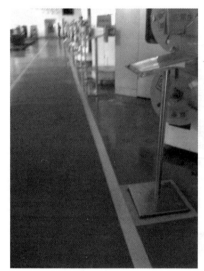

图3-1　给每个物品规定位置并画线

3.1.1　定置管理的分类

根据范围的不同，定置管理可以分为五类，具体如表3-1所示。

表3-1　定置管理的分类（按范围划分）

类型	具体说明
全系统定置管理	在工厂的各系统、各部门实行定置管理
区域定置管理	按工艺流程把生产现场划分为若干区域，对每个区域实行定置管理
职能部门定置管理	各职能部门对各种物品实行定置管理
仓库定置管理	对仓库内存放物品实行定置管理
特别定置管理	对影响质量和安全的薄弱环节（如易燃、易爆、易变质、有毒物品等）实行定置管理

3.1.2　定置图设计

3.1.2.1　方法研究

方法研究是开展定置管理的起点，它是指对当前的加工方法、机器设备情况、工艺流程等进行详细的分析研究，确定其在技术水平上的先进性、在经济上的合理性，分析是否需要、是否有可能采取更先进的工艺流程及加工方法，并且进行改造、更新，从而确定工艺路线与搬运路线，使定置管理趋于科学化、规范化和标准化。

3.1.2.2　分析人、物与场地之间的结合状态

这是开展定置管理的第二步，也是定置管理中最关键的一个环节。在人、物与场所之间的四种结合状态中，A状态是良好状态，B、C状态是需要改善的状态，D状态是需要彻底改造的状态，具体如表3-2所示。

表3-2　人、物与场所之间的结合状态

状态代号	状态名称	具体含义
A	紧密结合状态	正待加工或刚加工完的工件
B	松弛结合状态	暂存放于生产现场、不能马上进行加工或转运到下一道工序的工件
C	相对固定状态	非加工对象，如设备、工艺装备、生产中所用的辅助材料等
D	废弃状态	各种废弃物品，如废料、废品、铁屑、垃圾及其他与生产无关的物品

定置管理的原则是提倡A状态，改造B、C状态，清除D状态，其目的是提高工作效率和工作质量。

3.1.2.3　分析物流和信息流

生产现场需要定置的物品，无论是毛坯、半成品、成品，还是工装、工具、辅具等，都会随着生产的进行而按照一定的规律"流动"，它们所处的状态也在不断地变化，这种规律的"流动"与状态的变化被统称为物流。

随着物流的变化，生产现场会产生大量的信息，如表示物品存放地点的标识、表示所取之物的标签、表示定置情况的定置图、表示不同状态物品的标牌、为定置摆放物品而画的区域线等。随着生产的进行，这些信息也在不断地变化，当加工件由A状态转化为B状态时，相关信息也随之变化，这就是信息流。

定置管理就是要通过分析物流和信息流，掌握物品的变化规律，保证信息的连续性，并且对不符合标准的物流和信息流进行改正。

3.1.2.4　设计定置图

（1）定置图的类别。定置图可分为七类，具体如表3-3所示。

表3-3　定置图的类别

类别	说明
车间定置图	图形醒目、清晰，易于修改，便于管理；应将图放大，做成彩色图板，悬挂在车间的醒目处
区域定置图	车间的某一工段、班组或工序的定置图可张贴在"班组园地"中
办公室定置图	制作定置图示板，悬挂于办公室的醒目处
库房定置图	制作定置图示板，悬挂于库房的醒目处
工具箱定置图	制作定置图，贴于工具箱盖上
办公桌定置图	制作定置图，贴于办公桌上
文件资料柜定置图	制作定置图，贴于文件资料柜内

（2）定置图绘制原则。定置图绘制应遵循图3-2所示原则。

原则一	现场的所有物品均应绘制在定置图上
原则二	定置图的绘制以简明、扼要、完整为原则，物形为大概轮廓，尺寸按比例，相对位置准确，区域划分清晰、明确
原则三	生产现场暂时没有但已定置的物品应在定置图上标明，准备清理的无用物品不用体现
原则四	定置物可用标准信息符号或自定义信息符号标注并加以说明
原则五	定置图按定置管理要求绘制，应随着定置关系的变化而更新

图3-2　定置图绘制原则

（3）定置图设计步骤。

第一步，对场所、工序、工位、机台等进行定置诊断分析，具体如图3-3所示。

第二步，制定分类标准，即制定A、B、C类物品标准。

任务一	分析当前的生产全过程，确定经济、合理的工艺路线和搬运路线
任务二	分析生产环境是否满足生产的需要和作业人员的需要，提出改进意见
任务三	分析生产人员的作业方式和设备、设施的配置，研究作业人员的工作效率，找出不合理的地方并提出改进措施
任务四	研究作业人员动作，分析人与物的结合状态，消除多余动作，确定合理的作业方法

图3-3　定置诊断分析的四大任务

第三步，设计定置图。设计定置图的五个要点如图3-4所示。

要点一 ▷ 根据工艺路线、搬运路线选择最佳的物流程序，确定设备、通道、工具箱、检验与安全设施的位置

要点二 ▷ 按照作业计划确定工件（包括毛坯、半成品、成品等）的存放区域及工序、工位、机台及工装位置

要点三 ▷ 工具箱内物品要定置，使当天使用的量具、工具、图样及工艺文件处于待用状态。生产用品与生活用品要严格分开，同工种、同工序工具箱按统一标准定置

要点四 ▷ 检查生产现场中各区域的位置

要点五 ▷ C类物品按有无改制回收价值分类定置

图3-4　设计定置图的五个要点

（4）定置图制作注意事项。

第一，定置图要按统一标准制作。例如，全厂范围的定置图用A0纸，分厂（车间）与大型仓库的定置图用A2纸，班组的定置图用A3纸，机台、工位、工具箱的定置图用A4纸。

第二，制作定置图时尽量按生产组织划分定置区域。例如，一家分厂有四个较大的生产工段，则应在定置图上标明相应的四个定置区域。

第三，制作定置图时以设备为参照物，依次划分出加工区、半成品待检区、半成品合格区、产成品待检区、成品合格区、废品区、返修品区、待处理区等，具体如图3-5所示。

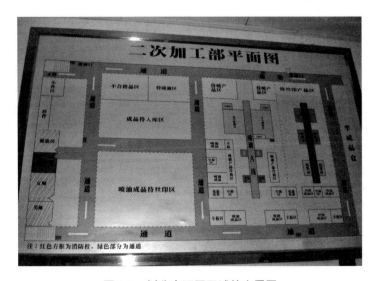

图3-5　划分出不同区域的定置图

（5）定置图绘制标准。

① 统一规定各种定置图的图幅。

② 统一规定各类定置物的线型画法，包括机器设备、工位器具、流动物品、工具箱及现场定置区域等，具体如表3-4所示。

表3-4　定置物的线型画法

图示	说明	图示	说明
	表示设备		表示工艺装备
	表示计划补充的设备、工装	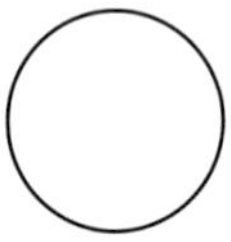	表示风扇
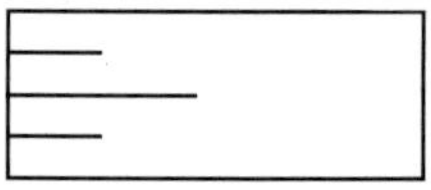	表示存放架	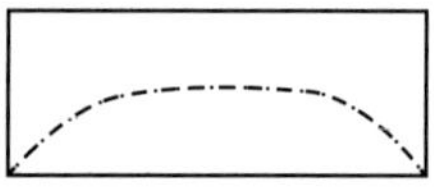	表示容器
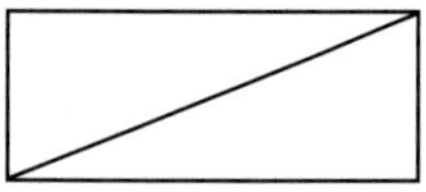	表示平台	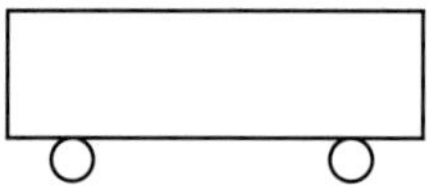	表示活动书架、小车
	表示工具箱、文件柜	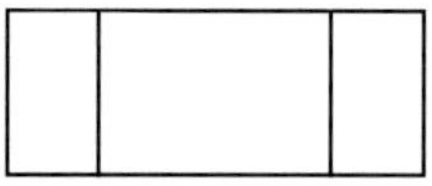	表示办公桌、茶几等
	表示计划补充的工具箱、文件柜等	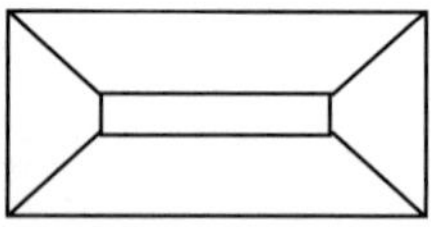	表示散状材料堆放场地
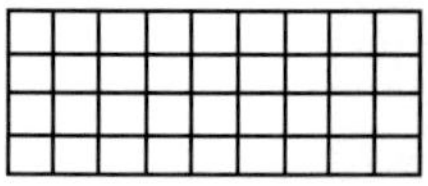	表示铺砖场地		表示工位区域分界线
	表示人行道		表示轨道
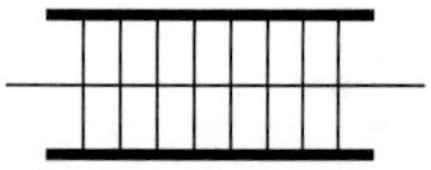	表示台阶、梯子	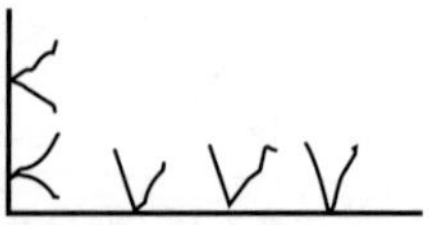	表示围墙

③ 统一规定定置图中的标准信息符号。例如，定置图中的可移动定置物除了用信息符号表示，还要在明细栏中加以说明。

④ 其他规定。例如，办公室可用白图，办公桌、文件柜、资料柜用蓝图。

3.1.3　信息媒介物设计

信息媒介物设计包括信息符号设计和定置图示板、标牌设计，如图3-6所示。

工厂在推行定置管理的过程中，在研究工艺、摆放布置各类物品、划分场所区域时需要使用各种信息符号，以便人们能够直观地分析问题，实现可视化管理。工厂应根据实际情况设计和使用信息符号，并且将其纳入定置管理标准。

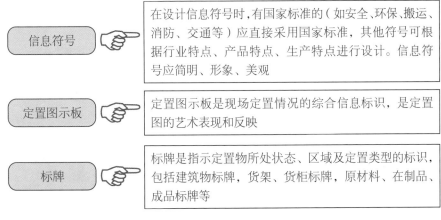

图3-6　三种信息媒介物

信息符号、定置图示板、标牌都是定置管理的工具。生产现场、库房、办公室及其他场所都应悬挂定置图示板和标牌。定置图示板中的内容应与蓝图一致。定置图示板和标牌的底色宜选用淡色，图纸应清洁、醒目且不易脱落。对于各类定置物、区域（点），应分类规定颜色标准。

3.1.4　实施定置

实施定置是定置管理工作的重点，可分为图3-7所示三个步骤。

按定置图实施定置示例如图3-8所示，放置标准信息铭牌示例如图3-9所示。

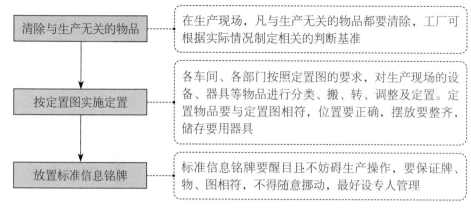

图3-7　实施定置管理的三个步骤

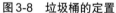

图3-8　垃圾桶的定置

图3-9　标准信息铭牌

某工厂办公室和生产现场的定置管理规定如下，读者可参照使用。

【范本3-01】▶▶▶

某工厂办公室和生产现场的定置管理规定

1.目的

对办公现场中人、物、场所三者之间的关系进行科学分析并划分区域，以实现人和物的有效结合；通过对现场的整理、整顿，清除在作业过程中不需要的物品，把需要的物品放在规定位置，使其随手可得，让办公室保持美观、高效、安全。

2.范围

工厂各车间及办公楼层的所有办公室均遵照此规定执行。

3. 工作内容

3.1 办公室责任区划分

3.1.1 个人责任区是指个人的桌面、抽屉、计算机、文件柜及办公桌周围1米之内的地面。每个人均有责任做好个人责任区的6S工作。

3.1.2 公共责任区是指大堂、花草、门窗、公务桌、共用工作台、茶几、沙发、会议桌等。对于公共责任区，可以采用责任到人或轮流值日的方式，由本办公室人员对办公室内公共责任区物品负责。

3.2 个人责任区定置重点

3.2.1 办公桌定置管理

3.2.1.1 办公桌的规定位置应放置人员铭牌。铭牌的制作要求按照"各类定置的图样及说明"执行。铭牌应摆放在××或张贴在××，各办公室应统一，保持整齐和美观。

3.2.1.2 桌面定置要求：桌面上只允许放置与工作相关的物品，按照"各类定置的图样及说明"进行定置，必要时可画线或贴标识。桌面上可放置的物品包括显示器、电话、绿色植物、桌面用文件夹或桌面文件柜、茶杯、鼠标、笔筒。其他办公用具放入第一级抽屉。每天上下班均须对桌面进行整理，确保桌面整洁美观。

3.2.1.3 办公桌抽屉、附件柜的定置要求：可移动的抽屉必须定置。第一级抽屉用于放置常用文具和杂物，按照"各类定置的图样及说明"进行定置，最下面的抽屉用于存放私人物品。抽屉内的物品、文件均须整齐摆放，员工至少每周整理一次抽屉，按照整理标准将3个月不使用的物品从抽屉中清除。

3.2.1.4 计算机主机统一、整齐地放在桌子抽屉柜旁，须用直角定位法进行定置，主机须保持机箱盖完整，严禁将机箱盖敞开。

3.2.1.5 办公桌的接线应确保安全整齐。杂乱的线或超出长度、需要弯曲的线须使用束线固定，确保整齐。各种接线应确保安全，严禁随意接线。

3.2.1.6 各办公室椅子应协调统一，个人离开办公桌时应将椅子放到规定区域。严禁将衣服搭在椅背上。

3.2.1.7 办公桌前墙板上可张贴联系电话、日历、行事历等资料，但必须遵循美观协调原则。

3.2.1.8 严禁将个人物品如鞋、伞、包、衣服等随意放置于办公桌或其他公共区域，必须将个人物品存放于指定区域。

3.2.2 文件柜定置管理

3.2.2.1 各文件柜内放置的文件夹应统一大小和颜色。为提高查找效率，每个文件夹均应有说明内装资料的标签并进行编号。文件夹上标签格式参见"各类定置的图样及说明"。文件夹用蓝色线做位置标识，以保证快速放入规定位置，并且易于确认是否缺少文件夹。

3.2.2.2 文件柜中的资料应从高到低整齐摆放，资料应有编号，以便放入和取出。相同颜色的资料尽量放在一起，避免杂乱无章。

3.2.2.3 每个文件柜均应有内装资料清单并明确责任人，责任人至少每周擦拭整理一次文件柜。

3.2.2.4 其他杂物应整齐放入无玻璃窗的杂物柜，物品应定位存放。

3.3 公共责任区定置重点

3.3.1 公共责任区物品应画线定位，必要时明确责任人，由责任人对该区域或设施进行整理。

3.3.2 会议桌、茶几、沙发等必须明确负责人。客人离开或会议结束后，负责人应及时对其进行清理。

3.4 张贴规定

3.4.1 各办公室可张贴保密规定、企业文化宣传材料、标语等，但要确保整体美观，不影响办公室的整体环境。

3.4.2 各办公室可设置公告栏，在公告栏张贴的文件、通知均须获得××部批准，加盖同意张贴章后方可进行张贴。每份张贴物的左下角应注明张贴天数及起止时间，到期后由贴出人收回。

3.4.3 各公共办公室可设置人员去向表，以说明人员动向。

4.各类定置的图样及说明

各类定置的图样及说明如下表所示。

各类定置的图样及说明

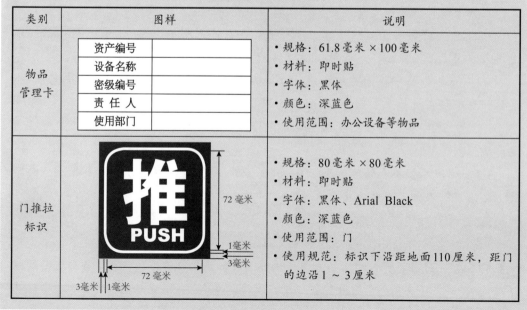

类别	图样	说明
物品管理卡	资产编号 设备名称 密级编号 责任人 使用部门	• 规格：61.8毫米×100毫米 • 材料：即时贴 • 字体：黑体 • 颜色：深蓝色 • 使用范围：办公设备等物品
门推拉标识	推 PUSH 72毫米 1毫米 3毫米 72毫米 3毫米 1毫米	• 规格：80毫米×80毫米 • 材料：即时贴 • 字体：黑体、Arial Black • 颜色：深蓝色 • 使用范围：门 • 使用规范：标识下沿距地面110厘米，距门的边沿1～3厘米

续表

类别	图样	说明
门推拉标识		• 规格：80毫米×100毫米 • 材料：即时贴 • 字体：黑体、Arial Black • 颜色：深蓝色 • 使用范围：门（空调房间，门的状态为常关） • 使用规范：标识下沿距地面110厘米，距门的边沿1～3厘米
		• 规格：80毫米×80毫米 • 材料：即时贴 • 字体：黑体、Arial Black • 颜色：草绿色 • 使用范围：门 • 使用规范：标识下沿距地面110厘米，距门的边沿1～3厘米
		• 规格：80毫米×100毫米 • 材料：即时贴 • 字体：黑体、Arial Black • 颜色：海信绿 • 使用范围：门（空调房间，门的状态为常关） • 使用规范：标识下沿距地面110厘米，距门的边沿1～3厘米
门开闭线		• 规格：（A）30毫米×25毫米 　　　　（B）30毫米×25毫米 • 材料：即时贴 • 颜色：天蓝色 • 使用说明：门开闭虚线即门的形迹，在此区域应小心，防止因门突然开启产生碰撞。（A）图为单门的形迹，（B）图为双门的形迹 • 使用范围：开关门特别频繁的房间 • 使用规范：开闭线为90°扇形，标识之间间隔25毫米

续表

类别	图样	说明
办公室垃圾桶、绿色植物	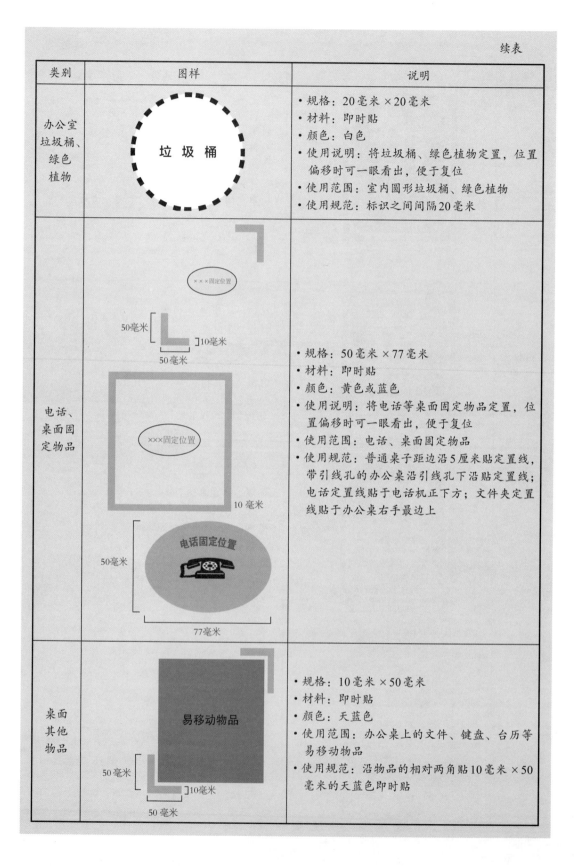	• 规格：20毫米×20毫米 • 材料：即时贴 • 颜色：白色 • 使用说明：将垃圾桶、绿色植物定置，位置偏移时可一眼看出，便于复位 • 使用范围：室内圆形垃圾桶、绿色植物 • 使用规范：标识之间间隔20毫米
电话、桌面固定物品		• 规格：50毫米×77毫米 • 材料：即时贴 • 颜色：黄色或蓝色 • 使用说明：将电话等桌面固定物品定置，位置偏移时可一眼看出，便于复位 • 使用范围：电话、桌面固定物品 • 使用规范：普通桌子距边沿5厘米贴定置线，带引线孔的办公桌沿引线孔下沿贴定置线；电话定置线贴于电话机正下方；文件夹定置线贴于办公桌右手最边上
桌面其他物品		• 规格：10毫米×50毫米 • 材料：即时贴 • 颜色：天蓝色 • 使用范围：办公桌上的文件、键盘、台历等易移动物品 • 使用规范：沿物品的相对两角贴10毫米×50毫米的天蓝色即时贴

续表

类别	图样	说明
空调开关	管理负责人：×××　窗　门　　开关	·规格：10毫米×15毫米 ·材料：胶带 ·颜色：红色、绿色、蓝色、黄色等 ·使用说明：红色代表可以控制的空调，白色代表不能控制的空调 ·使用范围：空调开关 ·使用规范：先画出房间内空调的平面图，开关控制的空调标为红色
照明灯开关	管理负责人：×××　窗　门　　开关按钮	·规格：10毫米×15毫米 ·材料：胶带 ·颜色：红色、绿色、蓝色、黄色等 ·使用说明：使用不同的颜色表示不同的灯和开关按钮，根据颜色开灯，防止误开 ·使用范围：两组或两组以上照明灯 ·使用规范：先画出房间内照明灯的平面图，使用颜色不同的10毫米×15毫米胶带表示各组灯，在对应的开关上贴与灯颜色一致的即时贴，大小参照开关按钮。平面图宽度与开关一致，贴于开关上方
文件夹	文件明细　序号　文件名称	·使用说明：在文件夹上贴文件明细，使用阿拉伯数字给文件编号 ·使用范围：文件夹 ·使用规范：在文件夹顶部标明文件类型或明细，将文件夹按数字顺序排好，文件使用完毕后放回原位。文件柜右上角贴文件夹清单
图书	图书明细　图书编号　图书名称	·使用说明：在书脊上贴标签，使用阿拉伯数字给图书编号。摆放时，尽量同一层放置颜色和高度相同的图书，不能统一的从高到低、从厚到薄排列放置 ·使用范围：图书 ·使用规范：图书使用完毕后放回原位，文件柜右上角贴图书清单

续表

类别	图样	说明
各类线缆		• 使用说明：对于两种以上的线缆，应使用束带束起来并整齐地走线 • 束线要求：单根线预留长度不超过15厘米，其他部分使用束带束好
抽屉内物品		• 使用范围：办公桌的抽屉 • 使用规范：办公用具使用完毕后放回原位置

3.2 油漆作战

3.2.1 油漆作战简介

油漆作战就是给地板、墙壁、机器设备等涂上新颜料，使老旧的场所、设备、用具等恢复如新，创造舒适的工作环境。例如，将原来的深色涂成明亮的浅色，将墙壁的上、下两部分涂成不同的颜色，将通道和作业区域涂成不同的颜色，明确地划分区域，具体如图3-10所示。

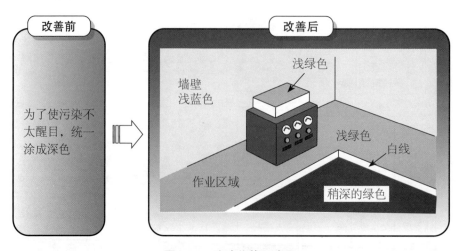

图3-10　油漆作战示意图

3.2.2　颜色规划

工厂在开展油漆作战之前要规划各个区域的颜色，然后按照规划分配负责人。

某工厂区域颜色规划（一楼）如下，读者可参照使用。

【范本3-02】▶▶▶

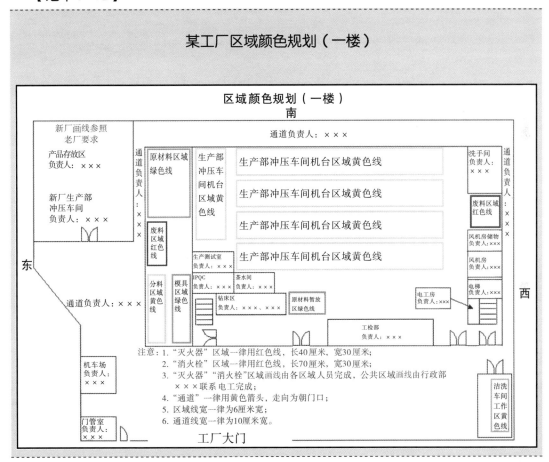

3.2.3　油漆作战的流程与方法

油漆作战的流程如图3-11所示。

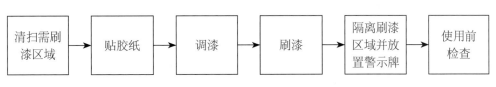

图3-11　油漆作战的流程

3.2.3.1 清扫需刷漆区域

（1）将需刷漆区域的垃圾清理干净。

（2）用铲刀将旧漆或地上的污物铲除干净，若铁板上有铁锈，则应打磨。

（3）用抹布将灰尘、污迹擦掉。

清理标准：地面干净，无灰尘、无沙粒，保持干燥、无水渍。

3.2.3.2 贴胶纸

用胶纸在刷漆部位边缘贴出线条轮廓。为防止非刷漆部位被漆污染，应覆盖旧报纸、胶带等予以防护。

贴胶纸要点：胶纸要贴紧，以免油漆渗入并产生"毛边"。

3.2.3.3 调漆

将漆、固化剂（油宝）、香蕉水按一定比例配好，混合后搅拌均匀（时间在10分钟左右），静置30分钟，使其化学反应充分。

用于装配车间、现场办公室的调漆比例是漆∶固化剂∶香蕉水=3∶1∶1.5。

用于加工车间、库房的调漆比例是漆∶固化剂∶香蕉水=4∶1∶2。

3.2.3.4 刷漆

（1）滚动刷法。

滚动刷法是指用滚动刷将漆滚均匀。该方法适用于大面积刷漆，一般要滚三次以上。该方法方便、快捷，但漆会厚一些。

（2）刷子刷法。

刷子刷法是指用刷子将漆刷均匀，但不能刷得太厚。该方法速度较慢，适用于小面积或要求较高的刷漆区域。

如图3-12所示为地面画上油漆和"老虎线"。

图3-12 地面画上油漆和"老虎线"

（3）要点。

①在刷漆过程中，每隔10分钟要将容器中的漆搅一遍，防止沉淀。

②对于需要在12小时内使用的区域，漆一定不要刷得太厚。

3.2.3.5　隔离刷漆区域并放置警示牌

刷漆后要在刷漆区域设置路障并放置"油漆未干"警示牌，防止人员踩踏。

3.2.3.6　使用前检查

刷漆12小时后，按照以下方法检查刷漆区域是否可以使用。

（1）用手按刷漆区域时不粘手且无陷入的指纹印，说明漆基本干了，人员可以通行。

（2）用拇指指甲重划刷漆区域，无明显划痕，说明漆已干，叉车可以通行。

3.3　看板管理

3.3.1　看板管理简介

看板管理是6S中常用的方法之一，它是将项目（信息）通过各类管理板展示出来，使众人皆知的一种管理方法。例如，流水线的显示屏随时显示生产信息（计划数量、实际生产数量、差异数），这样可使现场管理者随时把握生产状况。图3-13所示是生产进度看板，图3-14所示是制造部线检组管理看板。

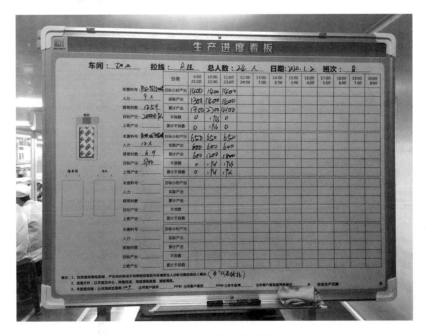

图 3-13　生产进度看板

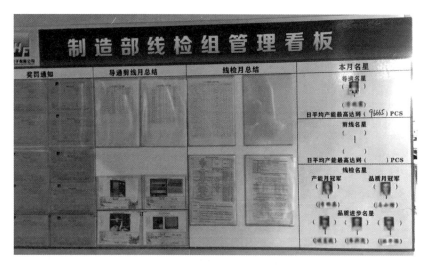

图3-14　制造部线检组管理看板

凭借一目了然、使用方便等特点，看板在生产现场被广泛使用。在生产现场，员工和管理者都很忙，不可能花很多时间阅读看板上的内容。因此，看板内容应尽量以图表、标识为主，少用文字，使大家即使站在远处也能一目了然。

3.3.2　看板的形式

在生产管理中使用的看板形式有很多种，常见的有装在塑料夹内的卡片或类似的标牌，运送零件小车、工位器具或存件箱上的标签，流水生产线上标着各种颜色的小球或信号灯、电视图像等。

3.3.3　不同管理层级使用的管理看板

不同管理层级使用的管理看板如表3-5所示。

表3-5　不同管理层级使用的管理看板

区别	企业管理看板	部门车间管理看板	班组管理看板
责任主管	高层领导	中层管理干部	基层班组长
常用形式	·各种ERP系统[1] ·大型标语、镜框、现状板	标语、现状板、移动看板、图表、电子屏	现状板、移动看板、活动日志、活动板、图表
内容	·企业愿景或口号 ·企业经营方针或战略 ·质量和环境方针 ·核心目标指标	·部门车间口号 ·部门车间分解目标指标 ·费用分解体系图 ·生产管理六要素（PQCD SM）月别指标	·区域分摊图或清扫责任表 ·小组活动现状板 ·设备日常检查表 ·定期更换表

续表

区别	企业管理看板	部门车间管理看板	班组管理看板
内容	• 目标分解体系图 • 部门竞赛评比 • 企业名人榜 • 企业成长历史 • 员工才艺表演 • 总经理日程表 • 生产销售计划	• 改善提案 • 班组评比 • 目标考核管理 • 部门优秀员工 • 进度管理 • 部门生产计划 • 部门日程表	• 工艺条件确认表 • 作业指导书或基准 • 个人目标考核管理 • 个人生产计划 • 物品情况表

① ERP（Enterprise Resource Planning），企业资源计划。

3.3.4　不同管理内容的看板

不同管理内容的看板如表3-6所示。

表3-6　不同管理内容的看板

管理项目	看板类型	用途
工序管理	进度管理板	显示进度是否符合计划
	工作安排管理板（作业管理板）	显示设备由何人操作及工作顺序
	负荷管理板	展示设备的负荷情况
	进货时间管理板	明确进货时间
现货管理	仓库告示板	展示不同品种和放置场所
	库存显示板	展示不同型号、数量
	使用中显示板	明确使用状态
	长期在库显示板	明确在库状态
作业管理	考勤管理板	让每位员工迅速了解全体员工出勤状况，适当调整，维持平衡
	作业顺序板	在推动作业的基础上标明必要的作业顺序、作业要点，以确保质量安全
	人员配置板	明确现场人员配置情况
	刀具交换管理板	标明下次刀具交换的预定时间
设备管理	动力配置图	明确显示动力的配置状态
	设备保养日历	明确设备的保养日期安排
	异常显示板	记录异常、故障内容
质量管理	管理项目管理基准显示板	展示管理项目管理基准
	故障管理板	展示发生故障时应该联络谁及故障的暂时处理规定
	不良揭示板	展示重大不良实物

续表

管理项目	看板类型	用途
事务管理	日历箱（交货期管理箱）	展示交货期
	去向显示板	展示成员的去向、联络方式
	出勤展示板	展示出勤状况
	车辆使用管理板	展示车辆的去向、返回时间等情况
士气管理	团队活动推进板	展示团队活动状态
	工序熟练程度提示板	展示成员技能
	娱乐介绍板	营造开心一刻的氛围
	新员工介绍角	介绍新伙伴

3.3.5　看板制作要点

制作看板是实施看板管理的关键环节，看板制作的好坏直接影响看板管理的效果。一般来说，制作看板时要注意图3-15所示的几点。

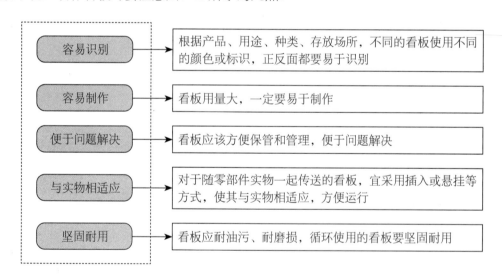

容易识别	根据产品、用途、种类、存放场所，不同的看板使用不同的颜色或标识，正反面都要易于识别
容易制作	看板用量大，一定要易于制作
便于问题解决	看板应该方便保管和管理，便于问题解决
与实物相适应	对于随零部件实物一起传送的看板，宜采用插入或悬挂等方式，使其与实物相适应，方便运行
坚固耐用	看板应耐油污、耐磨损，循环使用的看板要坚固耐用

图3-15　看板制作要点

3.3.6　看板的4S活动

3.3.6.1　看板的整理

工厂应对生产现场的各类看板进行一次大盘点，确认哪些是必要的，哪些是不必要的，彻底清除那些不必要的。要特别注意那些随意张贴的看板，"违者罚款""闲人免进""不得入内"之类的看板要清除。

3.3.6.2 看板的整顿

看板的整顿既包括将看板大小等标准化，也包括明确看板的使用场所、位置、高度等。在图3-16中，模具架上的看板粘贴不牢固，需要整顿。不过，仅使用不干胶或胶带固定看板会产生其他问题，因此需要研究更好的固定方法。

图3-16 看板粘贴不牢固

小贴士

使用不干胶或透明胶带可以简单地固定看板，但是时间久了，看板不容易揭下来，即使可以揭下来，也会在墙面、台面或机器上留下胶痕。

3.3.6.3 看板的清扫、清洁

看板的清扫、清洁工作主要有两个方面的内容：一方面，工厂要制定统一的看板制作和展示标准；另一方面，工厂应明确看板的管理责任人，由管理责任人对看板的内容、状态等进行维护，以保证看板展现出良好的状态，发挥其应有的作用。

看板管理状态如表3-7所示。

表3-7 看板管理状态

看板内容	工厂内统一	部门内统一
方针、标语等		
组织结构图		
海报、新闻		

看板内容	工厂内统一	部门内统一
评价表		
活动计划等		
月度管理		
现场实施计划		
清扫分工表		

某工厂看板设计示例如下，读者可参照使用。

【范本3-03】▶▶

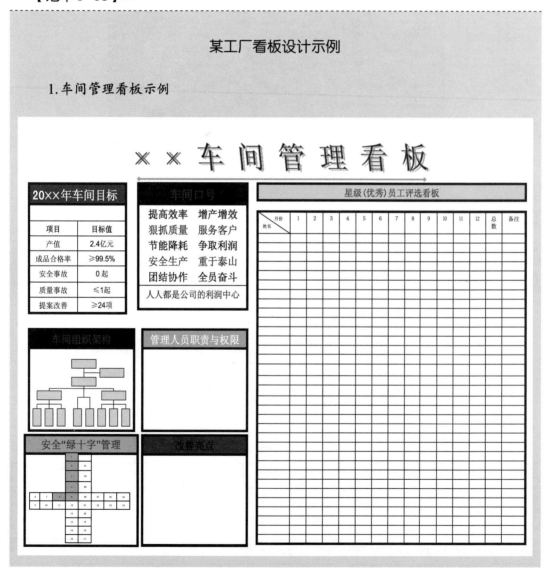

某工厂看板设计示例

1.车间管理看板示例

××车间管理看板

车间方针	车间工序介绍	车间目标		
		序号	管理项目	目标

组织结构	岗位工作职责	多能工	车间计划
3级管理图			

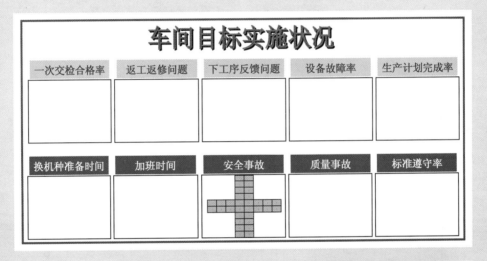

车间目标实施状况

一次交检合格率	返工返修问题	下工序反馈问题	设备故障率	生产计划完成率

换机种准备时间	加班时间	安全事故	质量事故	标准遵守率

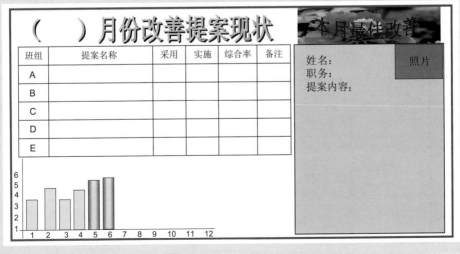

（　　）月份改善提案现状

本月最佳改善

班组	提案名称	采用	实施	综合率	备注
A					
B					
C					
D					
E					

姓名：
职务：
提案内容：

照片

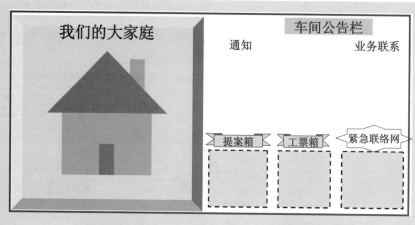

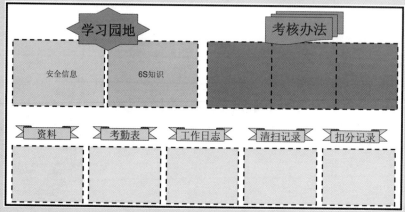

2. 部门管理看板示例

会议室管理看板

日期：＿＿＿＿＿

序号	会议名称	一	二	三	四	五	六	日	备注

培训室管理看板

日期：＿＿＿＿＿

序号	培训名称	一	二	三	四	五	六	日	备注

3.4　颜色管理

颜色管理是指利用人们对颜色的心理反应、分辨与联想，为工厂内部的管理活动披上一层彩色的"外衣"，用不同的颜色区分各类管理活动，使每位员工都产生相同的认知；当出现问题时，员工之间有共同的沟通语言与对问题的认识，并且能设定个人或团体的改善目标及将来努力的方向，从而达到管理的目的。

3.4.1　颜色管理的特点

（1）利用了人们对颜色天生的敏感。

（2）可实现"用眼睛看得见"的管理（见图3-17）。

（3）可实现分类管理。

图3-17　透明玻璃门上的有颜色的线条

（4）可作为防呆措施。

（5）可调和工作场所的气氛，消除单调感。

3.4.2　颜色使用原则

（1）红色表示停止、防火、危险、紧急。

（2）黄色表示注意。

（3）蓝色表示引导。

（4）绿色表示安全、进行中、急救。

（5）白色是辅助色，主要用于文字和箭头等。

3.4.3　颜色管理的应用范围

（1）员工职能状况。

（2）单位或个人生产效率。

（3）单位或个人出勤状况。例如，许多工厂以打卡的方式考勤，员工提前到达显示绿色，迟到则显示红色，这样管理者对员工的出勤状况就能一目了然。

（4）会议出席状况。

（5）档案管理。

（6）卷宗管理。

（7）表单管理。

（8）进度管理。

（9）品质管理。

（10）活动绩效展示。

颜色管理法在某工厂实际工作中的应用实例如下，读者可参照使用。

【范本3-04】▶▶▶

某工厂颜色管理法

1. 生产管理

使用不同的颜色表示生产进度，绿灯表示准时交货，蓝灯表示迟延但能当天完工，黄灯表示迟延一天，红灯表示迟延两天，双红灯表示迟延三天及以上。在生产过程中，质量管理水平可根据操作过程中不良率的高低使用不同的颜色显示，进料质量管理水平可根据进料不良率的高低使用不同的颜色显示。

2. 协作厂评价

协作厂的质量管理水平依进料不良率的高低使用不同的颜色显示，绿灯表示优、蓝灯表示良、黄灯表示一般、红灯表示差。

3. 费用管理

将费用与预算进行比较，使用不同的颜色显示差异程度。对于财务分析中的收益、偿还能力、增长率、生产率等，根据其优劣使用不同的颜色显示。

4. 开会管理

准时参会为绿灯，迟到5分钟以内为蓝灯，迟到5分钟及以上为黄灯，无故未到为红灯。对于得到蓝、黄、红灯者，予以不同程度的处罚。

3.4.4 颜色管理的方法

颜色管理的方法可分为以下几种。

3.4.4.1 颜色优劣法

颜色的优劣区分如图3-18所示，仅供读者参考。

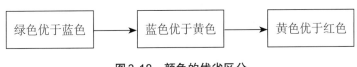

图3-18 颜色的优劣区分

颜色优劣法的具体应用如表3-8所示，仅供读者参考。

表3-8 颜色优劣法的具体应用

应用场景	应用举例
生产管理	使用不同的颜色表示生产进度 （1）绿灯表示准时交货 （2）蓝灯表示延迟但能当天完工 （3）黄灯表示延迟一天 （4）红灯表示延迟两天
品质管理	使用不同的颜色表示品质的好坏 （1）绿色：合格率为95%以上 （2）蓝色：合格率为90%～94% （3）黄色：合格率为85%～89% （4）红色：合格率为85%以下
开发管理	对比新产品开发实际进度与目标进度，使用不同的颜色表示差异程度，提醒研发人员注意工作进度
外协厂评估	使用不同的颜色表示外协厂评估结果 （1）绿灯表示优 （2）蓝灯表示良 （3）黄灯表示一般 （4）红灯表示差
生产安全	使用不同的颜色表示每日安全情况 （1）绿色：无伤害 （2）蓝色：极微伤 （3）黄色：轻伤 （4）红色：重伤
员工绩效管理	使用不同的颜色表示员工的综合效率 （1）绿色：效率为85%以上 （2）蓝色：效率为70%～84% （3）黄色：效率为60%～69% （4）红色：效率为60%以下
费用管理	对比费用与预算，使用不同的颜色表示其差异程度
开会管理	使用不同的颜色表示参会情况 （1）准时参会为绿灯 （2）迟到5分钟以内为蓝灯 （3）迟到5分钟及以上为黄灯 （4）无故未到为红灯
宿舍管理	使用不同的颜色表示每日的宿舍内务整理、卫生等情况，以明确奖惩对象

3.4.4.2 颜色层别法

一般而言，只要颜色鲜明且其对应意义明确，即可在不重复的前提下通过区分层别等方式发挥管理作用。颜色层别法可应用于以下几个方面。

（1）重要零件的管理。进货时间使用不同的颜色表示（见图3-19）。例如，1月、5月、9月的进货用绿色表示；2月、6月、10月的进货用蓝色表示；3月、7月、11月的进货用黄色表示；4月、8月、12月的进货用红色表示。通过使用不同颜色可以做到先进先出、调整安全存量并提醒处理呆滞品。

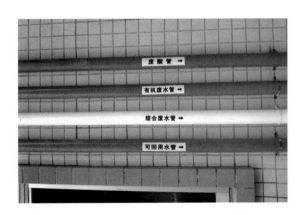

图3-19　在不同月份的材料上张贴不同颜色的标签

（2）油料管理。不同的润滑油使用不同的颜色加以区分，以免误用。

（3）管路管理。不同用途的管路漆上不同的颜色，以便区分保养，具体如图3-20所示。

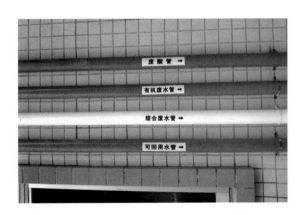

图3-20　不同用途的管路漆上不同的颜色

（4）人员管理。不同工种和职位的人员佩戴不同颜色的帽子或肩章，使其易于辨认。例如，佩戴绿色肩章者为作业员，佩戴蓝色肩章者为仓管员，佩戴黄色肩章者为技术员，佩戴红色肩章者为品管员。

（5）模具管理。属于不同客户的模具可按类别刷上不同颜色的油漆加以区分。

（6）卷宗管理。不同类别的卷宗使用不同的颜色的文件夹，如准备红、黄、蓝、绿四种不同颜色的文件夹。

• 红色文件夹装紧急、重要的文件，要优先、特别谨慎地处理。

• 黄色文件夹装紧急但不那么重要的文件，可次优先处理。

• 蓝色文件夹装重要但不紧急的文件，可稍后处理。

• 绿色文件夹装不紧急、不重要的文件，可留到最后处理。

（7）进度管理。用颜色区分生产进度，例如，绿色表示进度正常，蓝色表示进度落后，黄色表示待料，红色表示机械故障。

3.4.4.3 颜色心理法

颜色心理法即利用人类对色彩的注视、联想和偏好进行相关的管理，具体如图3-21所示。

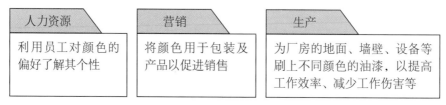

图3-21 颜色心理法

某工厂色彩管理标准如下，读者可参照使用。

【范本3-05】▸▸

某工厂颜色管理标准

一、管道颜色标识

目的	使管道的流向可视化，提示管道的危险性，预防事故的发生，提高管道维护效率	
适用范围	工厂所有管道，包括气体和液体管道	
标准	（1）压缩空气管道刷成淡灰色	淡灰色
	（2）消防管道刷成鲜红色	鲜红色
	（3）低压氢气管道刷成（淡）黄色	（淡）黄色
	（4）高压氢气管道刷成（淡）黄色	
	（5）低压氮气管道刷成（淡）黄色	
	（6）中、高压氮气管道刷成（淡）黄色	

续表

标准	（7）乙炔管道刷成白色（乙炔软管为黑色）	白色
	（8）氧气管道刷成天蓝色（氧气软管为红色）	天蓝色
	（9）一般水管刷成艳绿色	艳绿色
	（10）液化气管道刷成（淡）黄色	（淡）黄色

二、管道流向标识

目的	使管道的流向、方向、压力等可视化，提高管道维护效率
适用范围	工厂所有管道，包括气体和液体管道
标准	（1）制作防水不干胶标签，标签上箭头颜色为流体的标准色样；也可以直接使用相应颜色的油漆喷涂箭头 （2）箭头规格：长150毫米，宽25毫米 （3）标签上的文字使用宋体

管道流向标识

三、地面画线颜色与线宽标准

目的	对现场进行颜色管理，使现场规范化
对象	生产车间所有工作场所
标准	（1）按管理要求在相应的地方刷不同颜色的油漆 （2）画线方法：先按规定的线宽画出两条边沿线，在两线条侧边沿贴胶带后刷相应的颜色
注意	脱漆后无需补漆，改用线框

适用区域	线宽（毫米）	画线颜色
主通道线	100	
辅助通道线	100	黄色
开门线	50	
部门外分隔线	100	

续表

适用区域	线宽（毫米）	画线颜色
清洁工具定置区	50	黄色
垃圾桶定置区	50	
QA（质量保证）检验区	50	
待确认部件区（返工）	50	
成品区	50	白色
部门内分隔线	50	
一般区域（物流车放置场）	50	
废品区分隔线	50	红色
配电柜区	100（45°）	斑马线
消防区	100（45°）	
危险区域	100（45°）	
化学品区分隔线	100（45°）	

四、配电柜、消防设施警示线

目的	警示线内为配电柜、消防设施，禁止堆放物品
适用范围	配电柜、消火栓、灭火器
标准	（1）配电柜、消火栓等的放置场所的警示线使用斑马线 （2）警示线的长度和宽度依摆放的配电柜、消火栓、灭火器等的大小而定

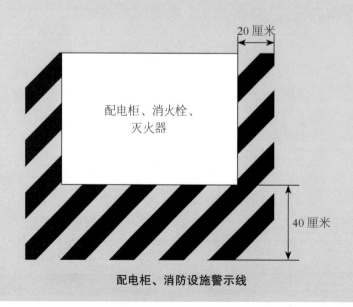

配电柜、消防设施警示线

五、凸起物警示标识

目的	警示可能造成安全事故的凸起物
适用范围	地面或墙上的凸起物（消防器材除外）
标准	（1）对于墙上固定的凸出配电盒，可在配电盒两端绘制或粘贴斑马线 （2）对于车间内地面或墙上的凸起物，可在其周围绘制或粘贴斑马线

凸起物警示标识

六、护栏警示标识

目的	保护护栏
适用范围	危险部位（区域）的护栏或护罩
标准	护栏或护罩刷上黄色油漆

护栏警示标识

七、柱子警示标识

目的	保护不靠墙的柱子
适用范围	不靠墙的柱子
标准	柱子贴斑马线

柱子警示标识

八、爬梯警示标识

目的	警示此处有爬梯
适用范围	爬梯
标准	爬梯上刷斑马线，至少距地面1.5米

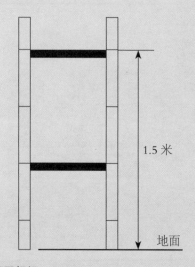

爬梯警示标识

九、车间门口防撞标识

目的	防止车间门口墙壁被撞击
适用范围	有车辆出入的车间门口
标准	（1）材料：选用直径10厘米的钢管作为立柱 （2）颜色：立柱上刷斑马线 （3）间距：立柱与墙壁的水平距离为10厘米、垂直距离为30厘米（俯视视角） （4）数量：4根 （5）高度：地面以上部分长90厘米，用膨胀螺丝固定

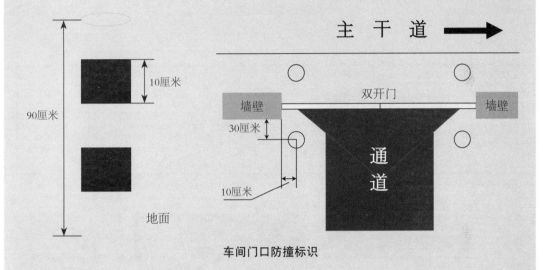

车间门口防撞标识

十、车间建筑物防撞标识

目的	防止车间建筑物被撞击
适用范围	生产现场与通道相邻的建筑物
标准	（1）材料：选用40厘米×10厘米×10厘米的钢材作为立柱，选用直径为6厘米的管材作为护栏 （2）颜色：立柱上刷黄色，护栏上刷斑马线（黄色和黑色间隔25厘米） （3）间距：护栏与建筑物之间留出4厘米的空隙

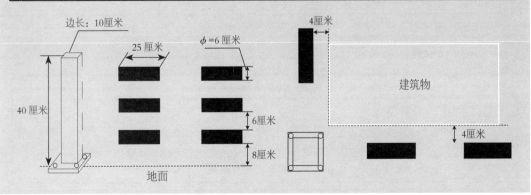

车间建筑物防撞标识

十一、车间厂房立柱防撞标识

目的	保护厂房立柱，防止立柱被撞击
适用范围	厂房立柱
标准	（1）材料：选用75毫米×75毫米×5毫米的角钢作为护角 （2）颜色：黄色 （3）高度：80厘米

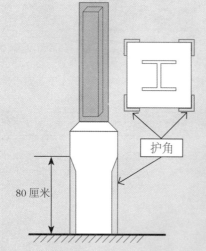

护角

80厘米

车间厂房立柱防撞标识

十二、一般物品定位线

目的	明确一般物品的存放区域，使现场物品类别清晰、管理规范
适用范围	一般物品
标准	（1）一般物品存放区域定位线使用白色，线宽50毫米 （2）可移动物品用方框定位，不可移动物品如车床、工作台用四角定位 （3）各区域定位线的长度和宽度依摆放物品大小而定

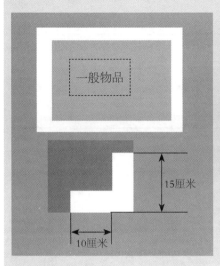

一般物品定位线

十三、特殊物品定位线

目的	明确特殊物的存放位置，使现场物品类别清晰、管理规范
适用范围	废品、危险品、清洁用品等
标准	（1）生产中的废品、化学品、危险品、清洁用品存放区域定位线使用白色或黄色，线宽50毫米 （2）各区域定位线的长度和宽度依摆放物品大小而定，物品与定位线的距离大于等于30毫米、小于等于50毫米
注意	定位线尽量与主通道线相互平行或垂直

特殊物品定位线

十四、手推物流车定位线

目的	明确手推物流车的存放场所,使现场物品类别清晰、管理规范
适用范围	空置的台车、小叉车、工具车
标准	(1)可按一般物品定位线来画 (2)线条颜色为白色或黄色,线宽50毫米

手推物流车定位线

十五、开门线

目的	展示开门路径,提示避开或小心通过,以防撞倒人或被人撞倒
适用范围	所有朝向通道的弧形推拉式门
标准	(1)沿着门开关的弧形路径画虚线 (2)线条颜色为黄色或蓝色,线宽50毫米,每段长100毫米,间距50毫米

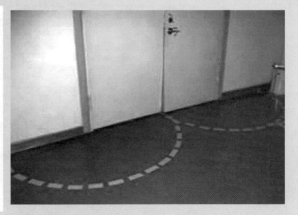

开门线

十六、车间主干道线

目的	保护车间内的墙面与设备，区分人与车辆的通行，培养员工按规则通行的习惯
适用范围	车间内部有车辆往来的通道
标准	（1）车间主通道、副通道 ①线宽100毫米，材料为油漆，颜色为黄色 ②通道分为车辆通道和人行通道，人行通道宽700毫米（不包括通道线） （2）需横穿通道时要有斑马线 ①线宽100毫米，长900毫米，材料为油漆，颜色为白色 ②斑马线的内部间隔为200毫米 ③人行通道内部每隔5米画一个小人或一对脚印

主通道

十字路口通道

车间主干道线

十七、车间地址标识

目的	使各区域规则可视化，方便寻找
适用范围	加工区、生产线
标准	（1）左上角为企业Logo （2）白底蓝边，字体为加粗黑体，文字居中 （3）尺寸为60厘米×50厘米 （4）各部门的标识尺寸、字体、字号、颜色应统一

车间地址标识

十八、区域管理标识

目的	使生产现场的各个区域定位明确、一目了然
适用范围	原材料区、成品区、返修品区、报废区
标准	（1）白底蓝边，字体为加粗黑体，文字居中 （2）尺寸为25厘米×20厘米 （3）采用立式放置 （4）所有区域同一类型标识的尺寸、字体、字号、颜色应统一

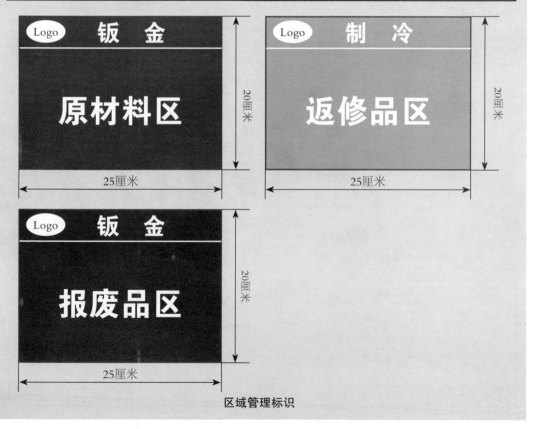

区域管理标识

十九、物料筐标识

目的	使物料筐（架子）的定位明确、一目了然
适用范围	物料筐（架子）
标准	（1）左上角为企业 Logo （2）白底，字体为加粗黑体，文字居中 （3）尺寸为 25 厘米 × 20 厘米
注意	（1）标识统一挂在物料筐（架子）的明显位置（如中间） （2）摆放物料筐（架子）时，有标识的一侧朝向叉车放置

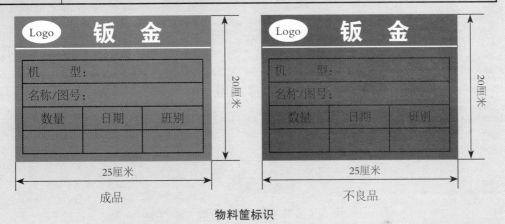

物料筐标识

二十、物料进出方向标识

目的	明确物料加工状态及进出方向，防止物料被混用
适用范围	所有放置托盘或成批物料的区域
标准	（1）物料为未加工状态，画进料箭头并标明"进料" （2）物料为已加工状态，画出料箭头并标明"出料" （3）箭头长 15 厘米、宽 10 厘米，颜色为黄色 （4）"进料""出料"文字高度为 10 厘米

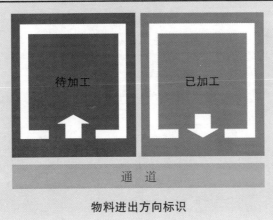

物料进出方向标识

二十一、设备（工装）维修中（异常）警示牌

目的	保护异常设备（工装），防止危险事故发生
适用范围	所有正在进行维修或待修的异常设备（工装）
标准	（1）底色为黄色，字体为黑体 （2）悬挂在显眼的位置，如设备（工装）操作面板、配电柜等 （3）设备（工装）未恢复正常前不得取走警示牌

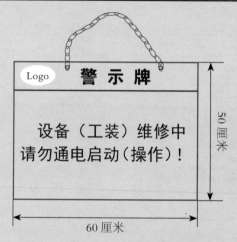

设备（工装）维修中（异常）警示牌

二十二、电器控制开关标识

目的	明确开关控制哪些电器
适用范围	工作现场所有电器的开关
标准	（1）确定各开关控制哪些电器 （2）根据区域的大小确定标签大小，将标签塑封 （3）用双面胶或海绵胶将标签贴在开关下方 （4）必要时增加平面控制区域图

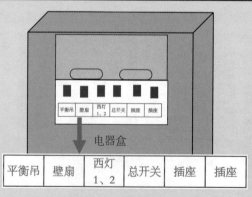

电器控制开关标识

3.5　标识行动

标识行动是指标明所需物品是什么（名称）、放在哪里（场所）、有多少（数量）等，让任何人都能一目了然的一种整顿方法。

3.5.1　标识的应用对象

标识的主要应用对象是库存物品和机器设备。在工厂中要贴标识的物品有很多，但给所有物品都贴标识是没有必要的。只有标识可以发挥作用，才需要贴标识。如果物品需要归位，就一定要贴标识。

3.5.2　标识行动的操作步骤

3.5.2.1　确定放置场所

整理工作结束后，物品变少了，场地变宽敞了，就需要对一些产品的生产、工艺流程进行相应的改进，重新调整现有的机器设备，重新规划物品的放置区域，把必需物品合理地布置在新的区域内。此时，要把使用频率高的物品尽量放置在离生产现场较近的地方或操作人员视线范围内，把使用频率低的物品放置在离生产现场较远的地方。另外，要把易于搬动的物品放在人的肩部和腰部之间的高度，把较重的物品放在货架下方，把不常使用的物品和较小的物品放在货架上方。

3.5.2.2　整顿放置场所

确定放置场所后，要把经过整理的必需物品放到规定的场所和位置，或者摆放到货架上、箱子里和容器内，具体如图3-22所示。

图 3-22　物品的位置确定、容器确定并有标识

3.5.2.3　位置标识

当人们问"把物品放在哪里"或"物品在哪里"时，这个"哪里"可用位置标识或区域编号表达（见图3-23）。例如，某物品在C区、某物品在成品区等。位置标识主要有以下两种。

图3-23　位置标识

（1）垂吊式标识

垂吊式标识适用于大型仓库的分类片区、钢架或框架结构的建筑物，一般吊挂在天花板或横梁下。

（2）门牌式标识

门牌式标识适用于货架、柜子等的位置标识。货架或柜子的位置标识包括表示所在位置的地点标识、横向位置标识和纵向位置标识。需要注意的是，纵向位置的标识要从上到下用1、2、3表示。此外，表示货架或柜子所在位置的标识应与架子或柜子的侧面垂直，这样站在通道上就可以清楚看到标识上的内容。如果把标识张贴在货架端面，那么只有走到标识附近才能看清楚，这样效果就会大打折扣。

3.5.2.4　品种标识

一个仓库里往往放有很多不同类别的物品，即便类别相同，规格也有多种，如何在确定位置后对它们进行区分呢？这就要使用品种标识。品种标识可分为物品分类标识和物品名称标识两种。

（1）物品分类标识

物品分类标识用于明确货架上放置的物品的类别，如轴承类、螺丝类、办公用品类等。物品分类标识可张贴（挂）在货架端面或放在货架上方，具体如图3-24所示。

（2）物品名称标识

物品名称标识可张贴在放置物品的容器或货架横栏上。物品名称标识的内容通常如图3-25所示。一些大宗物品可采用立式移动物品名称标识。

图3-24　物品分类标识

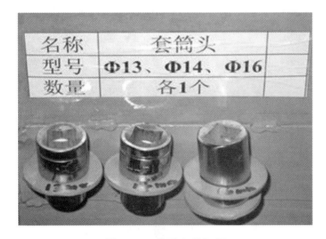

图3-25　物品名称标识

3.5.2.5　数量标识

如果不规定库存的数量，库存就会不断增加，造成积压，进而影响企业资金周转。库存可通过颜色管理：红色表示最大库存量，绿色表示订货库存量，黄色表示最小库存量。当看到绿色时，仓管员可及时通知采购人员下单采购。

3.5.2.6　设备标识

设备标识是设备管理的有效工具之一，主要有以下几种。

（1）设备名称标识。

（2）液体类别标识。

（3）给油缸液面标识。

（4）点检部位标识。

（5）旋转方向标识（见图3-26）。

（6）压力表正常/异常标识。

（7）移动方向标识和流向标识（见图3-27和图3-28）。

（8）阀门开关状态标识（见图3-29）。

（9）温度标识。

（10）点检线路标识。

（11）使用状态标识。

图3-26　电机的旋转方向标识　　　　　图3-27　设备的移动方向标识

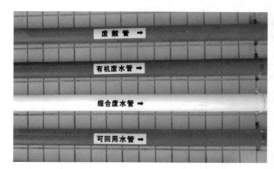 

图3-28　透明管道中气体或液体的流向标识

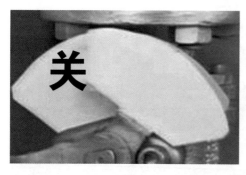 

图3-29　机器的阀门开关状态标识

3.5.3　标识的统一

物品的标识其实就是一个小看板。工厂里需要做标识的物品非常多，所以一定要在推行6S之前就做出统一的规定，不要等做完标识以后才发现问题再重新做，这样会浪费很多的时间和金钱。

3.5.3.1　标识的制作材料

标识会随着时间变化，字迹、颜色及粘贴时所用的胶水也会逐渐脱落，有时还会因某种原因在同一个地方多次做标识。因此，要针对场所、位置、物品等选用不同的材料，使之持久且容易维护。标识常用的制作材料如表3-9所示。

表3-9　标识常用的制作材料

材料	适用情形	特点	维护方法
纸类	普通物品，触摸机会少的地方	便于随时做标识	在纸张上过胶或覆膜，防止触摸或清洁造成损坏
塑胶	场所或区域标识	防潮、防水、易清洁	阳光照射会使胶质硬化、脆化、变色，要尽量避免阳光直射
油漆	机器设备的危险警告和须防止触电等特殊位置	不易脱落，时刻发挥提醒作用且易清洁	定期翻新保养
其他	某些化学品和必须防火的物品	防火和防腐蚀物	保持清洁

3.5.3.2　标识的规格

标识的规格会直接影响厂区整体美观度。例如，在两个大小一样的货架上，货架A的标牌很大，货架B的标牌很小，这会显得管理很不规范。

3.5.3.3　标识的文字

标识的文字最好采用打印体，这样不仅容易统一字体和字号，而且比较美观，具体如图3-30所示。

3.5.3.4　标识的粘贴

标识必须粘贴好，尤其是危险、警告等标识。另外，还要经常检查标识是否脱落，防止因标识脱落导致严重事故。

3.5.3.5　标识的颜色

标识的颜色要恰当，否则很容易造成误会。标识比文字醒目，不需要看清其上的文字便知其大概意思，因此颜色须统一。

图3-30　标识的文字最好采用打印体

3.5.3.6　标识用词规范

对于诸如"临时摆放"的标识，必须规定使用时间。有些员工把"临时摆放"标识一贴，物品摆放了几个月还在临时摆放。再如，"杂物柜"的标识，字面意思太广，什么物品都可以往里面放，成了所有无用物品的"避风港"。因此，要通过规范标识用词来避免使用这类无效标识。

某工厂6S活动标识样例如下，读者可参照使用。

【范本3-06】▸▸▸

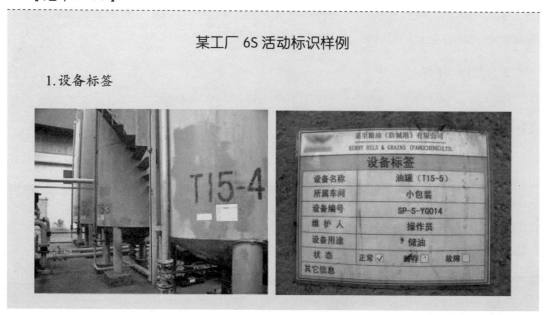

2.回收油标牌

3.自制货架标牌（大中型架）

4.管道标识

5.设备色彩管理标识

6.设备风险警告标识

7.关键控制工序标识

8.样板区域标识

××车间
6S责任区
责任人：×××
活动期间：20××.09—20××.12

9.定制工具架、模具架标识（小型架）

A车间1组·1#工具架
责任人：××× 类　别：(1) 图纸、量具（第一层）

10.定制工具柜、物品柜标识（柜门左上角）

B车间1组·1#工具柜

11.工具（物品）定点标识（数量变动时）

品名		规格	
最大库存			
安全库存			
备注			

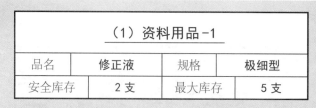

(1) 资料用品-1			
品名	修正液	规格	极细型
安全库存	2支	最大库存	5支

12.工具（物品）定点、定量标识（数量固定时）

品名		规格	
数量		备注	

(2) 常用工具-1			
品名	挑口钳	规格	6#
数量	2把	备注	

某工厂6S标识标准如下，读者可参照使用。

【范本3-07】▸▸▸

某工厂6S标识标准

1.危险物品保管标识

目的	标明危险物品的保管场所，促进事前预防
适用场所	（1）易燃易爆物品保管场所 （2）对出入人员及环境有致命影响的物品的保管场所
使用方法	设置于出入口正面的显眼位置
规格	宽度为300毫米，高度为250毫米，厚度为0.5～1毫米
示范	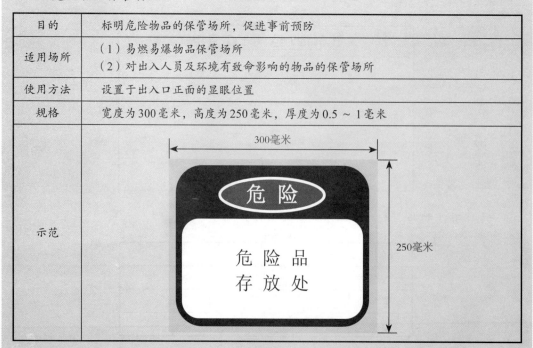

2.房间管理责任人标识

目的	明确房间管理责任人,由其对整个房间进行6S管理
适用场所	办公室、会议室、复印室、培训室、维修室、仓库、工具室等
规格	(1)双门时,设置于出入门上离地面1.4米中央处 (2)单门时,有观察门的,设置于玻璃窗下面中央处;无观察门的,设置于离地面1.4米中央处 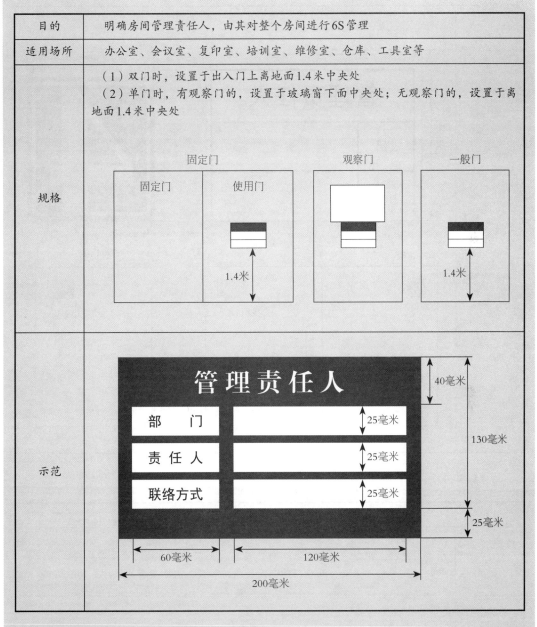
示范	

3.文件柜及办公用品管理责任人标识

目的	明确文件柜、保险柜、办公用具等的管理责任人
标准	(1)在正、副栏中记录管理责任人(共2名)的姓名 (2)管理责任人标签设置于文件柜、办公用具等的右侧上端 (3)编号标签设置于文件柜、办公用具等的左侧上端
规格	管理责任人标签尺寸为100毫米×60毫米,编号标签尺寸为45毫米×50毫米

示范	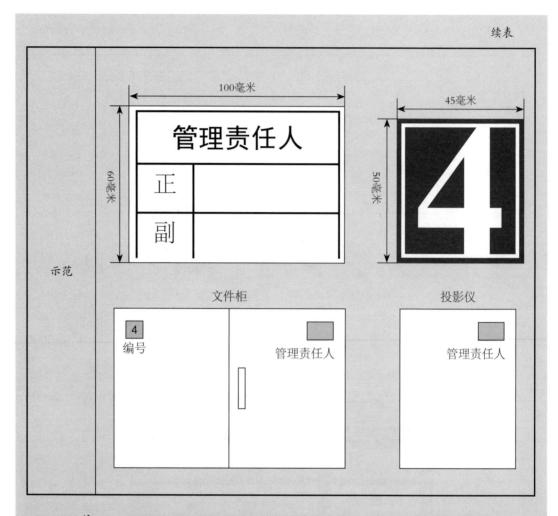

4.门牌

目的	对工厂内的各种门进行管理，方便开门出入
标准	（1）双门 ①固定门上张贴"固定门"门牌，活动门上张贴"出入门"门牌，门牌在门锁中心线上方40毫米处，两个门牌高度要保持一致，左右距离要保持一致 ②在"出入门"门牌正上方40毫米处贴"推"字，在门背面离门锁中心线40毫米处贴"拉"字 （2）单门 在门锁正上方40毫米处贴"推"字，在门背面贴"拉"字，高度与"推"字相同 （3）玻璃门 在玻璃门的红色胶带上方10毫米处，距玻璃门最外沿5毫米处贴"推"字，玻璃背面贴"拉"字，位置相同
规格	"固定门""出入门"门牌尺寸为60毫米×150毫米，"推""拉"字尺寸为60毫米×60毫米

示范	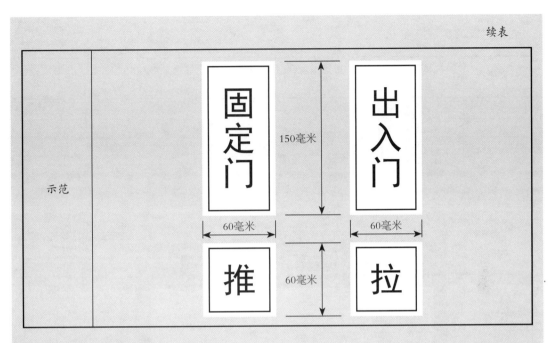

5. "我的设备"标识

目的	把每台设备的日常维护责任落实到员工身上，增强员工"我的设备我管理"的意识
适用范围	主要的生产设备及其附属设备
标准	（1）标明设备名称 （2）确定设备责任人，其照片贴于卡片上 （3）若设备有 2 名以上使用者，按部位分别确定责任人 （4）明确设备的清扫周期并做好清扫记录 （5）卡片设置于设备附近显眼位置
规格	210 毫米 × 145 毫米
示范	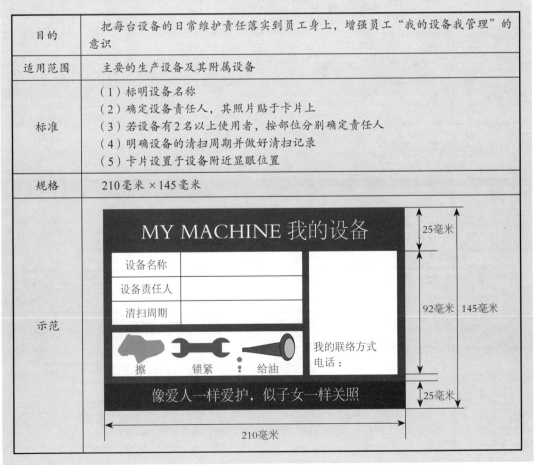

6."我的区域"标识

目的	把区域6S责任落实到个人身上，增强区域责任人的责任感，并且通过定期清扫和检查创造良好的工作环境
标准	（1）标明区域名称 （2）确定区域责任人并在卡片上粘贴责任人照片（50毫米×50毫米） （3）由区域责任人的直接领导担任确认人 （4）记录区域清扫周期，标明清扫工具 （5）由确认人检查并确认6S状态 （6）将标识设置于出入门前方人眼平视的高度
规格	绿色，210毫米×145毫米
示范	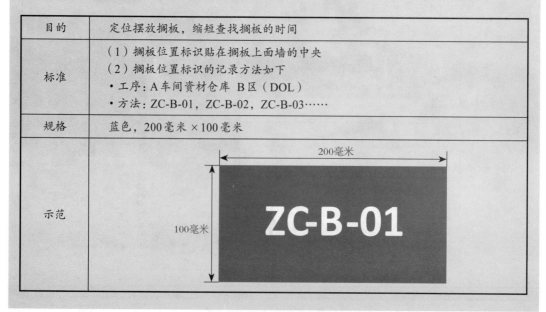

7.搁板位置标识

目的	定位摆放搁板，缩短查找搁板的时间
标准	（1）搁板位置标识贴在搁板上面墙的中央 （2）搁板位置标识的记录方法如下 •工序：A车间资材仓库 B区（DOL） •方法：ZC-B-01，ZC-B-02，ZC-B-03……
规格	蓝色，200毫米×100毫米
示范	200毫米 ZC-B-01 100毫米

8.楼梯引导标识

目的	引导员工上下楼梯
适用范围	工厂内部所有楼梯
标准	（1）设置于楼梯转弯处 （2）若楼梯转弯处有应急灯（安全灯），则标识位置应该在应急灯（安全灯）上方300毫米处 （3）标识颜色 ・上半部分：白底黑字，蓝色箭头 ・下半部分：蓝底白字，白色箭头
规格	220毫米×200毫米
示范	

9.灭火器位置标识

目的	标明灭火器的位置，在发生火灾或紧急状况时缩短寻找灭火器的时间
适用范围	灭火器配置场所
标准	灭火器配置在显眼的地方并张贴责任人标识，样式如下

责任人	正	
	副	
物品名/编号		
安 放 位 置		
更 换 周 期		
设 置 时 间		

续表

<table>
<tr><td>示范</td><td>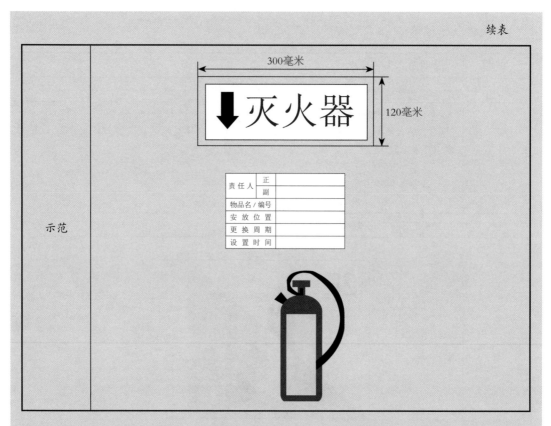</td></tr>
</table>

10. 额定电压标识

目的	防止因接错110伏、220伏电源电压而导致设备损坏
使用方法	（1）在各插座上部及插头上张贴额定电压标识 （2）难以区分110伏和220伏的电源时，先委托有关部门确认再张贴标识
规格	直径20毫米
示范	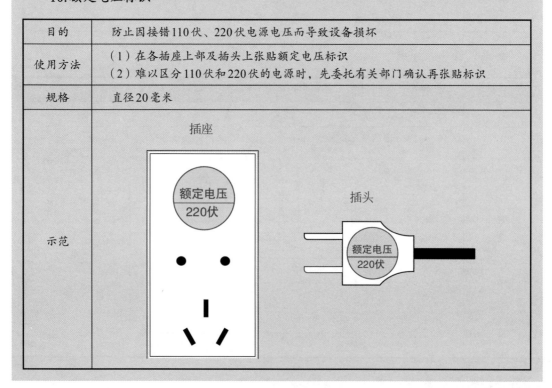

11. 搬运工具标识

目的	明确搬运工具的存放场所及责任人
使用方法	（1）在搬运工具左上端或显眼位置张贴（悬挂）搬运工具标识 （2）在地板或墙上张贴搬运工具标识 （3）在使用量大的工序使用油漆标明搬运工具存放场所，在地板上使用油漆标明存放地
规格	深蓝色，110毫米×60毫米
示范	 **搬运工具现状板**　　责任人： 品　名　｜　使用部门 地　点　登记号　｜　使用用途 装载数量　｜　参考事项 **定品·定量·定位** 15毫米　35毫米　60毫米　10毫米 110毫米

第4章

整理（Seiri）的实施

4.1 整理概述

整理，就是将事物梳理出条理来，使事物的处理简单化，即对我们工作场所中（或负责的部门范围内）的物品、机器设备清楚地区分为需要品与不需要品，对于需要品加以妥善的保管，不需要品则处理或报废。

开展整理活动可以避免以下问题，具体如图4-1所示。

图4-1 开展整理活动可避免的问题

4.1.1 整理的作用

整理起着一种"分类"的作用（见图4-2）。

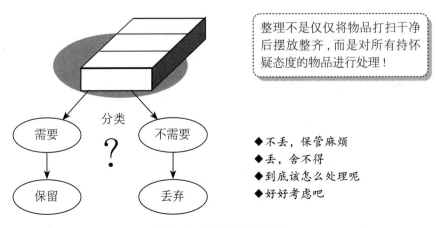

图4-2 整理活动示意图

4.1.2 整理的过程

整理的过程如图4-3所示。

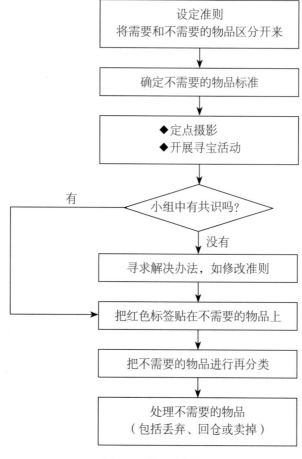

图4-3 整理过程图

4.2 整理的执行要点

4.2.1 制定整理三大基准

4.2.1.1 要与不要的基准

"全部都有用，全部不能扔"是6S推行的一大阻力，特别是工程技术人员。因为他们认为有些物品不管存放多久，终有一天会用到的，所以他们把这些"非必需品"藏的藏、盖的盖，完全违背了6S的原则，其实"非必需品"的摆放所造成的浪费远远大于其潜在的利用价值，所以必须把工厂内看得到和看不到的地方进行全面彻底的整理。这需要制定一份"必需品与非必需品的判别基准"，让员工清楚知道哪些是"真正需要"的，哪些是"确实不需要"的（见表4-1）。

表4-1 要与不要的判别基准

真正需要	确实不需要	
（1）正常的机器设备、电气装置 （2）工作台、板凳、材料架 （3）台车、推车、拖车、堆高机 （4）正常使用的工装夹具 （5）尚有使用价值的消耗用品 （6）原材料、半成品、成品和样品 （7）栈板、图框、防尘用具 （8）办公用品、文具 （9）使用中的清洁工具、清洁用品 （10）各种使用中的海报、看板 （11）有用的文件资料、表单记录、书、报、杂志 （12）其他必要的私人用品	地板上	（1）废纸、杂物、油污、灰尘 （2）不能或不再使用的机器设备、工装夹具 （3）不再使用的办公用品 （4）破烂的栈板、图框、塑料箱、纸箱、垃圾桶 （5）呆滞料和过期品
	工作台和架子上	（1）过时的文件资料、表单记录、书、报、杂志 （2）多余的材料 （3）损坏的工具、样品 （4）非必要的私人用品、破玻璃、破椅垫
	墙壁上	（1）蜘蛛网 （2）过期和老旧的海报、看板 （3）破烂的信箱、意见箱、指示牌 （4）损坏的时钟、没用的挂钉
	天花板上	（1）不再使用的各种管线 （2）不再使用的吊扇、挂具 （3）老旧无效的指导书、工装图

4.2.1.2 保管场所基准

保管场所基准指的是到底在什么地方"要"与"不要"的判断基准。可以根据物品的使用次数、使用频率来判定物品应该放在什么地方才合适。制定时应对保管对象进行分析，根据物品的使用频率来明确应放置的适当场所，作出物品常用程度判决表（见表4-2）。

表4-2 物品常用程度判决表

常用程度	使用频率
低	过去一年都没有使用过的物品（不能用或不再用）
	在过去的6～12个月中只使用（可能使用）过一次的物品
中	（1）在过去的2～6个月中只使用（可能使用）过一次的物品 （2）1个月使用1次以上的物品
高	（1）1周使用1次的物品 （2）每天都要使用的物品 （3）每小时都要使用的物品

物品常用程度的标准，尽量不要按照个人的经验来判断，否则无法体现出6S管理的科学性。以下提供一份企业在用物品的使用频率与保管场所范例供参考（见表4-3）。

表4-3 物品的使用频率与保管场所

	使用频率	处理方法	建议场所
不用	全年一次也未使用	废弃 特别处理	待处理区
少用	平均2个月～1年用1次	分类管理	集中场所 （工具室、仓库）
普通	1～2个月用1次或以上	置于车间内	各摆放区
常用	1周使用数次 1日使用数次 每小时都使用	工作区内 随手可得	机台旁 流水线旁 个人工具箱

注：应视企业具体情况决定划分几类及设置相应的场所。

4.2.1.3 废弃处理基准

由于工作失误、市场变化、设计变更等因素，有许多不要物是企业或个人无法控制的。因此，不要物是永远存在的。对不要物的处理方法，通常要按照两个原则来执行：

其一，区分申请部门与判定部门；

其二，由一个统一的部门来处理不要物。

例如，品质部负责不要物料的档案管理和判定；设备部负责不要设备、工具、仪表、计量器具的档案管理和判定；6S推行办公室负责不要物品的审核、判定、申报；销售部负责不要物的处置；财务部负责不要物处置资金的管理。

以下提供不要物品的处理审批单供参考（见表4-4）。

表4-4 不要物品处理审批单

部门：　　　　　　　　　　　　　　　　　_____年___月___日

物品名称	规格型号	单位	数量	处理原因	所在部门意见	6S推进委员会意见	备注

制表：　　　　　　　　　审核：　　　　　　　　　批准：

4.2.2　现场检查

各部门应对工作现场进行全面检查，检查内容包括各种有形和无形的东西、看得见和看不见的地方，特别是不引人注意的地方。如设备内部、桌子底部、文件柜顶部等位置。各部门检查的重点如表4-5所示。

表4-5　各部门的检查重点

部门	区域或部位	关注要点
生产部门	地面	（1）有没有"死角"或凌乱不堪的地方 （2）闲置或不能使用的输送带、机器、设备、台车、物品等 （3）品质有问题的待修品或报废品 （4）散置于各生产线的清扫用具、垃圾桶等 （5）作业场所不该有的东西，如衣服、拖鞋、雨伞、皮包
	架子、柜子或工具箱	（1）扳手、铁锤、钳子等工具杂乱存放于工具箱或柜子内 （2）散置于架子或柜子上的破布、手套、剪刀
	办公桌、事务柜	（1）任意放置于桌面上的报表、文卷、数据表 （2）档案资料毫无规划地陈列于事务柜内
	模具、治具架	（1）不用或不能用的模具、治具 （2）不必要的物品杂乱存放于架上
事务部门	公文、资料	（1）是否有不用或过期的公文、资料任意摆放 （2）私人文件资料是否混杂于一般资料内 （3）公文、资料是否定期或定时归档
	办公桌、办公室	（1）办公桌上是否摆放与工作无关的物品或资料 （2）办公室内是否有各种不需要的物品
	档案夹、事务柜	（1）档案夹是否任意放置于办公桌上或事务柜上 （2）档案夹或事务柜是否已经破旧无法使用 （3）是否定期清理档案夹内已经过期的文件、资料
仓储部门	储存区域	（1）储存区域是否规划妥当，有无空间浪费 （2）是否直接将材料随意堆放在地上
	材料料架	（1）材料架上是否有好几年没用过的材料 （2）是否好几种材料混放

4.2.3　定点摄影

定点摄影法是指从同样的位置、同样的高度、同样的方向，对同样的物体进行连续摄影。定点摄影法是一种常用的6S活动方法。

4.2.3.1 定点摄影的目的

定点摄影的目的是将自己工作场所内（工作、工作岗位、设备、方法等）不愿让其他人看到的"感到不好意思的地方"拍下来，作为展示和自我反省的材料。

4.2.3.2 征得被拍者的同意

由于要拍下工作场所中不愿让其他人看见的地方并展示出来，为了使工作岗位上的作业人员不至于感到难堪，应该事先对员工进行培训，告诉他们"为什么要进行定点摄影"，并征得他们的同意。

4.2.3.3 进行定点摄影的方法

在地板上画一个点，摄影者站在点上。所摄物体的中心位置也画一个点，摄影时照相机的焦点对准所拍物体上的点（见图4-4）。

- 以同一照相机
- 从同一位置、同一高度、同一方向
- 针对同一目标物体
- 进行间隔时间的连续摄影

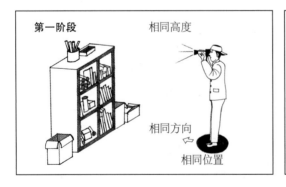
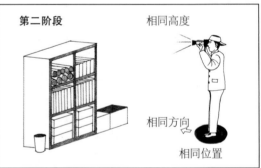
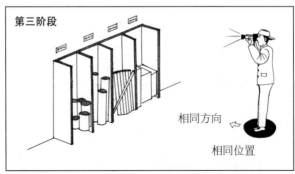

图4-4 定点摄影

4.2.3.4 照片运用

推行小组将照片贴在图表上，并以此为基础召开会议。在定点摄影图表上的第一阶段（通常制作四个阶段）里记下摄影日期，贴上照片，记入评分。评分从低到高为1分、2分、3分、4分、5分。建议栏的填写较随意，可以由上级填写建议，也可以填写对员工的要求等。

每次实施对策，取得一定的改善效果后，应再次摄影，按时间顺序贴上新照片。但若每改善一次就摄影一次，则随后的工作会相当麻烦，所以可以采取定时摄影，即决定下次摄影日期的方式（见图4-5）。

整理前 整理后

图4-5 整理前与整理后的照片示意图

4.2.4 非必需品的清理与判定

4.2.4.1 清理非必需品——寻宝活动

有的人也把这一阶段的活动称之为"寻宝活动"。这里所谓的"宝"，是指需要彻底找出来的无用物品。

寻宝活动是专门针对各个场所的死角或容易被人忽视的地方来进行的整理活动，目的明确、针对性强、容易取得实效，从而可实现彻底的6S管理（见图4-6）。

寻宝活动要顺利进行，首先就要制定游戏规则，打破大家的顾虑：

图4-6 打开柜门"寻宝"

◆ 只寻找无用物品，不追究责任。

◆ 找到越多的无用物品，奖励越高。

◆ 交叉互换区域寻宝，便于更多地发现无用物品。

◆ 有争议的物品，提交6S推进事务办公室裁决。

◆ 对重视寻宝活动的部门，给予部门奖励。

（1）寻宝活动计划。

寻宝活动实施计划由6S推行委员会制订，推行办公室组织实施。计划包括以下几个方面的内容，如图4-7所示。

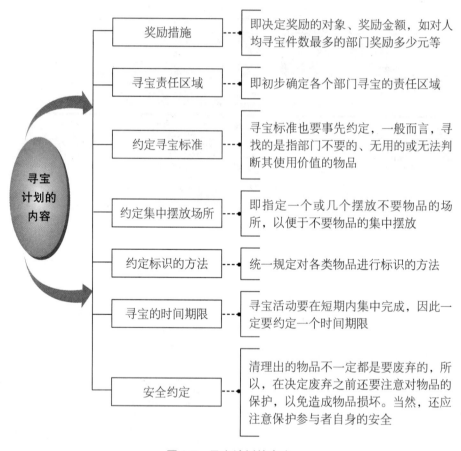

图4-7 寻宝计划的内容

寻宝活动计划经批准后，要在企业的相关会议、内部局域网、宣传栏等进行传达、沟通和宣传，以营造活动的氛围，激发员工的积极性。

（2）寻宝实施。

接下来就是由各个部门按计划清理出不需要的物品，统一收集摆放到公司指定的场所并对清理出的物品进行分类，列出清单。清单中应对物品的出处、数量进行记录，并提出处理意见，按程序报相关部门审核批准。

小贴士

对暂时不需要的物品进行整理时，当不能确定今后是否还会用到该物品，可根据实际情况来决定一个保留期限，先暂时保留一段时间，等过了保留期限后，再将其清理出现场，需进行认真的研究，判断这些物品是否有保留价值，并弄清保留的理由。

4.2.4.2　非必需品的判定——贴红牌

判定一个物品是否有用，并没有一个绝对的标准。有些物品是很容易判定的，如破烂不堪的桌椅等；而有些物品判定则很困难，如一些长期库存的零部件。

（1）非必需品的判定步骤。

① 把那些非必需品摆放在某一个指定场所，并在这些物品上贴红牌。

② 由指定的判定者对等待判定的物品进行最终判定，决定将其卖掉、挪用、修复还是修理等（见图4-8）。

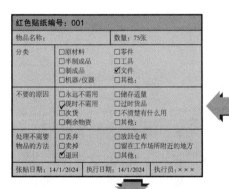

图4-8　红牌的使用要点

（2）非必需品判定者。

由于工厂里需要进行判定的物品很多，并且分可以判断的和难以判断的物品，为了高效地完成判定工作，6S推行办公室可以根据物品的不同，分层次确定相应的判定责任人，如图4-9所示。

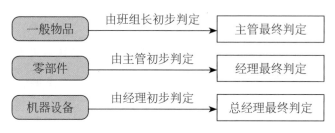

图4-9　不同物品的判定责任人

非必需品可以统一由6S推行委员会来判定，也可以设计一个有效的判定流程，由各个不同部门对各类物品进行判定。

（3）判定的注意事项。

① 对那些贴有非必需品红牌的物品，要约定判定的期限，判定的拖延将影响6S活动的进行，因此，要迅速对这些物品进行判定，以便后续处理工作的完成。

② 当那些贴有非必需品红牌的物品被判定为有用的时候，要及时向物品所属部门说明判定的具体依据或理由，并及时进行物品的重新安置和摆放。

4.2.5　非必需品的处理

4.2.5.1　处理方法

对贴了非必需品红牌的物品，必须一件一件地核实物品实物和票据，确认其使用价值。若经判定，某物品被确认为有用，那么就要揭去非必需品红牌。若该物品被确认为非必需品，则应该决定具体处理方法。一般来说，对非必需品有以下几种处理方法，如图4-10所示。

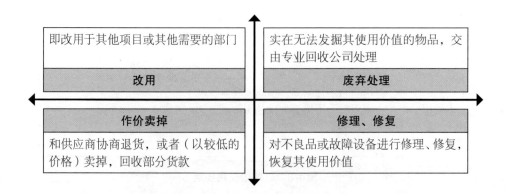

◆若该物品有使用价值，但可能涉及专利或企业商业机密的，应按企业具体规定进行处理。

◆如果该物品只是一般废弃物，在经过分类后可将其出售。

◆该物品没有使用价值，可根据企业的具体情况进行折价出售。

图4-10 非必需品的处理方法

4.2.5.2 处理的注意事项

非必需品处理需注意如图4-11所示事项。

实施处理要有决心	正确认识物品的使用价值
在对非必需品实施处理的时候，重要的是要下定决心，把该废弃的处理掉，不要犹豫不决或拖延时间，从而影响6S工作的进程	对非必需品加以处置是基于对物品使用价值的正确判断，而非当初购买物品的费用。一件物品不管当初购买的费用怎样，只要现在是非必需品，没有使用价值，并且在可预见的将来也不会有明确的用途，就应下决心将其处置

图4-11 非必需品处理注意事项

4.2.5.3 建立一套非必需品废弃的程序

为维持整理活动的成果，企业最好建立一套非必需品废弃申请、判断、实施及后续管理的程序和机制。建立物品废弃的程序是为了给整理工作的实施提供制度上的保证。生产现场许多无用的物品，尤其是大件物品，即使大家都认为是无用的应该废弃，但却都不清楚该如何废弃，只好任由它们摆放在现场。建立物品废弃的申请和实施程序，就是制定废弃标准，明确物品废弃的提出、审查、批准和处理办法。

一般来说，非必需品废弃的申请和实施程序包括如图4-12所示内容。

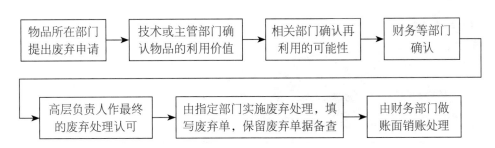

图4-12 非必需品废弃的申请和实施程序

4.2.6　对整理进行评估

整理进行到一定阶段，必须对其进行评估，具体可运用表4-6来进行。

表4-6　整理评估表

工作场所整理评估　　　　　　　　　工作地点：

工厂：　　　　　批次：　　　　　部门：　　　　　日期：

分数：4分=100%　3分=75%～99%　2分=50%～74%　1分=25%～49%　0分=0～24%			
序号	需要整理的区域	分数	如果分数小于4分，指出对策、时间安排和负责人
1	无用的盒子、货架和物料箱		
2	废弃的备件和设备		
3	不需要的工具箱、手套和柜子		
4	剩余的维修物品		
5	个人物品		
6	过量存货		
7	无用的文件		
…			

对于没有做好的事项要发出纠正及预防措施通知，如图4-13所示。

不合格点的说明　　　　　　　　　　　NC编号：_____

审核日期：　2025年1月8日　　　　　　　审核员/记录员：　×××

审核地点：　LED车间　　　　　　　　　违反标准：　　2.7

改善前照片

不合格点的说明：

小推车摆放区内存放有卡板及废料

纠正及预防　　　措施纠正人：　×××　　　　　纠正日期：　2025年1月12日

改善后照片

纠正及预防措施：

　　清理废料，整理卡板，重新规划设计卡板区域并划地线

跟进结果：跟进时已划定卡板区域存放，并划地线

跟进者：＿×××＿　　　　　　　审批：＿×××＿　　　　　　2025年1月15日

图4-13　纠正及预防措施通知

第5章

整顿（Seiton）的实施

5.1　整顿概述

所谓整顿，就是将整理后所留下来的需要品或所腾出来的空间进行整体性的规划（定位、标识）。

整顿的目的就是给所需要的物品找一个固定的位置，当需要它时，我们能不假思索地在最短时间内将物品取出。

5.1.1　整顿的作用

在杂乱无序的工作环境中，如果没有做好整理和整顿工作，就会使我们找不到要用的物品，造成时间和空间的浪费，同时还可能造成资源的浪费与短缺，使一些品质优良的物品沦为"废品"，使废品堂而皇之地"摆在"重要的位置。

具体而言，在生产现场没有做好整顿工作通常会产生以下问题，具体如图5-1所示。

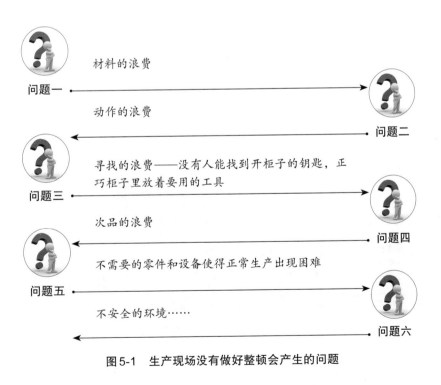

图5-1　生产现场没有做好整顿会产生的问题

为消除以上浪费就必须要加强整顿，整顿工作能带来的好处，具体如图5-2所示。

1 创造一目了然的现场，就算不是本岗位的人员也能明白相应的要求和做法（见图5-3）

2 出现异常情况，如丢失、损坏等能马上发现，及时处理

3 提高工作效率，减少浪费和非必需的作业

4 减少寻找时间

5 不同的作业人员去做，结果都是一样的（因为标准化）

图5-2　整顿工作能带来的好处

整顿的目标
所有东西都有一个清楚的标签（名）和位置（家）

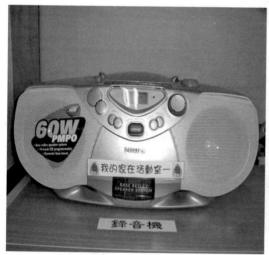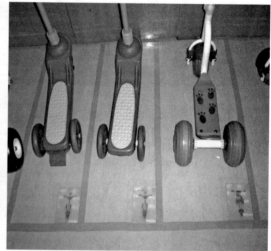

图5-3　整顿现场示意图

5.1.2　整顿的执行流程

整顿的执行流程如图5-4所示。

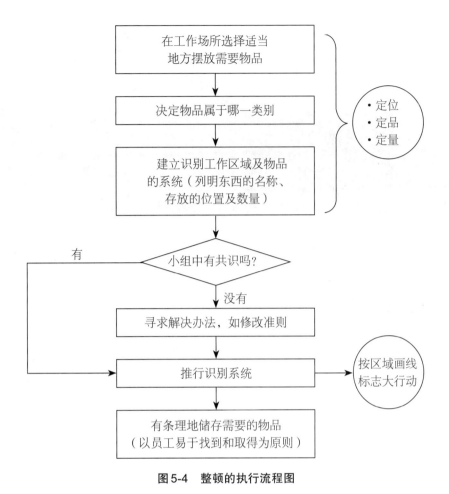

图5-4　整顿的执行流程图

5.2　整顿的执行要点

5.2.1　整顿的关键在三定

整顿的关键在三定：定位（在何处，场所标志）、定品（何物，品目标志）、定量（几个，数量标志）。而三定的方法则是实施看板作战。

5.2.1.1　定位

（1）定位的要点。

① 将该定位的地方区分为地域标志与编号标志；

② 地域标志可用英文字母（A、B、C）或数字（1、2、3）来表示，编号标志以数字表示较理想，最好由上而下按1、2、3排序。

定位区图示如图5-5所示。

图5-5　定位区图示

（2）定位的原则。物品定位须遵循两个原则：一是位置要固定，二是根据物品使用的频度和使用的便利性来决定物品放置的场所。

（3）物品与位置关系的类别。根据物品的特点，物品与位置之间的关系有以下几种：

①设备和作业台的定位。设备和作业台通常被固定在指定的位置上，若非特殊情况或需要进行区域再规划，原则上物品和位置的关系是固定的，如图5-6所示。

图5-6　设备和作业台的定位

② 工具、夹具、量具、文件等的定位。生产或工作过程中经常使用的这类物品通常被存放在各式各样的柜、台、架等固定位置上，使用的时候可以从其存放处取出，使用完毕后再放回原处，如图5-7所示。

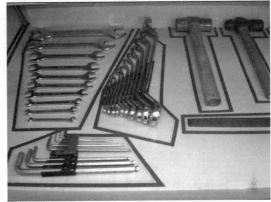

图5-7　采用形迹法给工具定位

③ 原材料、半成品、成品的定位。这些物品在生产过程中是随时移动的，无固定摆放的位置。但为了明确这些随时移动的物品在每一工序的摆放位置，必须在工序附近指定存放区域，如图5-8至图5-10所示。

④ 票据、样品等的保管与存放。对一些使用频率很小却又需要保管的重要物品，如财务票据、实物样品等，可以确定一些固定的场所或仓库的指定位置存放。

图5-8　原材料的定位

图5-9 半成品的定位

图5-10 成品的定位

5.2.1.2 定品

定品的目的是让所有人，甚至是新进员工一眼就看出在某个地方放置的是什么物品，其要点为：

（1）物品品目标识：放置的东西要标识清楚为何物（见图5-11）。

（2）棚架品目标识：放置的东西的品种、颜色等（见图5-12）。

图5-11 物品品目标识

图5-12 棚架品目标识（材料的品种、颜色）

5.2.1.3 定量

定量的目的是可以一眼就看出库存品的数量，不是说"大概、大约"，而是要很清楚地说出具体有几个。实施要点为：

（1）要限制物品放置场所或棚架的大小。

（2）要很明确地显示最大库存量及最小库存量（见图5-13）。

① 最大库存量——红色。

② 最小库存量——黄色。

（3）与其用数字不如改为标记，更清楚直观。

库存数据标识如图5-14所示。

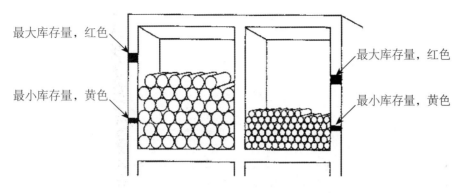

图 5-13　最大库存量及最小库存量示意

图 5-14　库存数据标识

5.2.2　识别工作区域

识别工作区域有两件重要的事要做：其一是为规划的区域画线，其二是设立标识。

5.2.2.1　区域画线

（1）地板颜色选择。地板要配合用途，利用颜色加以区分。作业区要用作业方便的颜色，休闲区则要用舒适、让人放松的颜色（见表5-1）。

表 5-1　区域地板颜色选择

场所	颜色
作业区	绿色
通道	橘色或荧光色
休闲区	蓝色
仓库	灰色

（2）画线要点。决定地板的颜色后，接下来是为这些区域画线。画线要注意的实施要点如图5-15所示。

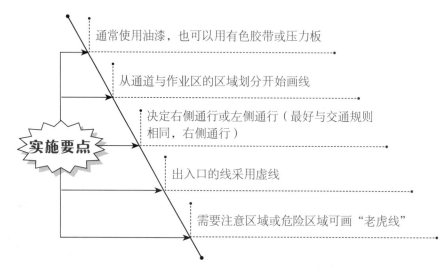

图5-15　画线要注意的实施要点

（3）区域画线。把通道与作业区的区域划分开的线称为区域画线。通常是以黄线表示，也可以用白线，如图5-16所示。实施要点为：

① 画直线。

② 要清楚醒目。

③ 减少角落弯曲。

④ 转角要避免直角。

图5-16　区域画线

（4）出入口线。勾画出人能够出入的部分的线，将其称之为出入口线。用黄线标识，不可踩踏，如图5-17所示。画线要点如下：

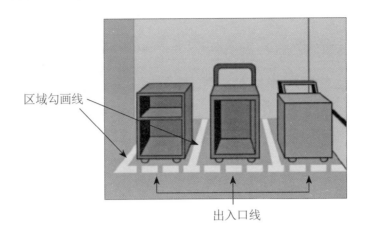

区域勾画线

出入口线

图5-17　出入口线示意图

① 区域勾画线是实线、出入口线是虚线。

② 出入口线提示需确保此场所的安全。

③ 从作业者的角度考虑来设计出入口线。

（5）通道线。首先要确定是靠左还是靠右的通行线。最好与交通规则相同，靠右通行，如图5-18所示。画线要点如下：

图5-18　通道线示意图

① 黄色或白色箭头；

② 保持一定间隔画线，不要忘记在楼梯处画线。

（6）"老虎线"也称老虎标记。老虎标记是黄色与黑色相间的斜纹所组成的线，与老虎颜色相似，所以称之为老虎标记。哪些地方要画老虎标记呢，具体如图5-19所示。

图5-19　需要画老虎标记的地方

画线要点如下。

① 老虎标记要能够很清楚地看到，可用油漆涂上或贴上黑黄相间的老虎标记胶带；

② 通往通道的瓶颈处要彻底修整使之畅通。

老虎标记如图5-20所示。

图5-20　老虎标记

（7）置物场所线。放置物品的地方称作置物场所，标识置物场所的标线即为置物场所线。画线要点如下：

① 清理出半成品等的放置场所。

② 清理出作业台、台车、灭火器等的放置场所。

③ 明确各区域画线的颜色、宽度和线型，如表5-2所示。

表5-2　各区域画线的颜色、宽度和线型

类别	区域线		
	颜色	宽度	线型
待检区	蓝色	50毫米	实线
待判区	白色	50毫米	实线
合格区	绿色	50毫米	实线
不合格区、返修区	黄色	50毫米	实线
废品区	红色	50毫米	实线
毛坯区、展示区、培训区	黄色	50毫米	实线
工位器具定置点	黄色	50毫米	实线
物品临时存放区	黄色	50毫米	虚线

如图5-21所示是置物场所线示例。

图5-21　置物场所线

5.2.2.2　标识大行动

标识大行动就是明确标识出所需要的东西放在哪里（场所）、什么东西（名称）、有多少（数量）等，让任何人都能够一目了然的一种整顿方法，如图5-22所示。

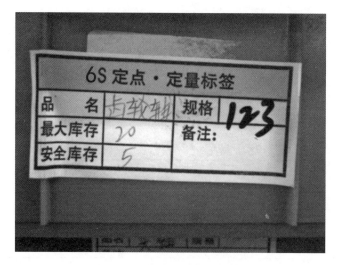

图5-22　定点定量标签标识

5.2.3　整顿的具体操作

5.2.3.1　工具类整顿

（1）工装夹具等频繁使用物品的整顿。应重视并遵守使用前能"立即取得"，使用后能"立刻归位"的原则。

① 应充分考虑能否尽量减少作业工具的种类和数量，利用油压、磁性、卡标等代替螺丝，使用标准件，将螺丝通用化，以便可以使用同一工具。如平时使用扳手扭的螺母是否可以改成用手扭的手柄呢？这样就可以节省工具了。或者想想能否更改成兼容多种工具使用的螺母，即使主工具突然坏了，也可用另一工具暂代使用；又或者把螺母统一化，只需一个工具就可以了。

② 考虑能否将工具放置在与作业场所最接近的地方，避免取用和归位时过多的步行和弯腰拿取。

③ 在"取用"和"归位"之间，须特别重视"归位"。需要不断地取用、归位的工具，最好用吊挂式或放置在双手展开的最大极限范围内。采用插入式或吊挂式"归还原位"的，同时要注意尽量使插入距离最短或挂放既方便又安全的方式。

④ 要使工具准确归还原位，最好以复印图、颜色、特别记号、嵌入式凹模等方法进行定位，如图5-23所示。

（2）切削工具类的整顿。这类工具需重复使用，且搬动时容易发生损坏，在整顿时应格外小心。

① 经常使用的，应由个人保管；不常用的，则尽量减少数量，以通用化为佳。先确定必需的数量，再将多余的集中管理。

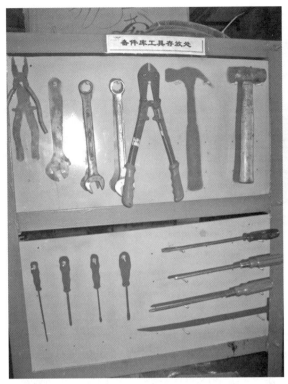

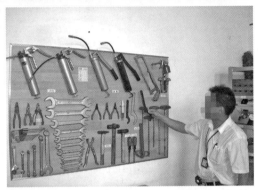
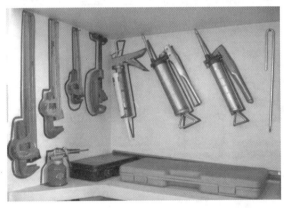
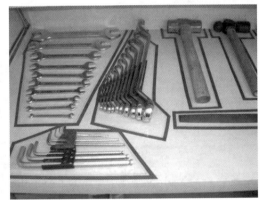

图5-23 工具定位

② 刀锋是刀具的"生命"，所以在存放时要使之方向一致，以前后方向直放为宜，最好能采用分格保管或波浪板保管，且避免堆压。

③ 一支支或一把把的刀具可利用插孔式的方法，即把每支刀具分别插入与其大小相符的孔内，这样可以对刀锋加以保护，并且可节省存放空间，且不会放错位置，如图5-24所示。

④ 对于一片片的锯片等刀具可分类型、大小、用途等叠挂起来，并勾画形迹，易于归位。

⑤ 注意防锈，将抽屉或容器底层铺上易吸油吸水的绒布。

图5-24　刀具的存放

5.2.3.2　设备的整顿

设备的整顿原则就是要容易清扫、操作和检修，但最重要的还是"安全第一"。

（1）设备旁必须挂有一些"设备操作规程""设备操作注意事项"等。设备的维修保养也应该做好相关记录。这样不但能给予员工正确的操作指导，也可让客户对企业规范化管理有信心，如图5-25所示。

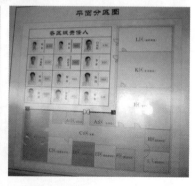

图5-25　设备标识卡

（2）设备之间的摆放距离不宜太近，近距离摆放虽然可节省空间，却难以清扫和检修，并且还会相互影响操作甚至可能导致意外，如图5-26所示。

图5-26 设备定位

如果空间有限，则首先考虑是否整理做得不够彻底，再考虑物品摆放是否有不合理的地方，是否浪费了许多空间，再多想一些技巧与方法，力求彻底解决问题。

（3）把一些容易相互影响操作的设备与一些不易相互影响操作的设备进行合理的位置调整。可根据情况在设备的下面加装滚轮，便可轻松地推出来清扫和检修了，如图5-27所示。

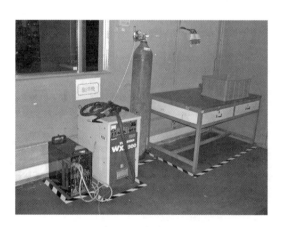

图5-27 设备合理定位

5.2.3.3 机台、台车类整顿

对机台、台车类的整顿，应注意以下几点，如图5-28所示。

（1）先削减作业台、棚架的数量。以"必需的台、架留下，其他的丢弃或加以整理"为原则，现场就不会堆积过量的台、架了。

（2）台或架的高度不齐时，可在下方加垫，垫至高度平齐。台或架可加装滚轮使之移动方便，并制作能搭载作业必要物品的台车，在换模、换线或零件替换时，可以将台车作整组更换。

图5-28　作业台定位和标识

5.2.3.4　配线、配管的整理、整顿

在现场可能会有杂乱无章的配线或配管，这些都可能成为故障的根源。要解决这些问题，以下几点可供参考。

（1）可以考虑在地板上架高或加束套来整理、整顿配线、配管。

（2）采取直线、直角安装，以防配线、配管松脱。

（3）为配线、配管标上名称、编号或利用颜色进行管理，这样可防止错误发生。

如图5-29所示为整理前杂乱无章的配线，图5-30为整理、整顿后的配线。

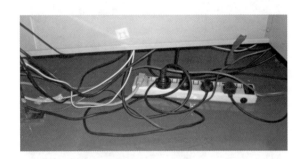

图5-29　整理前杂乱无章的配线

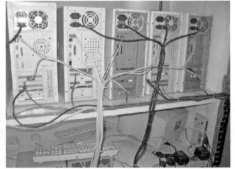

图5-30　整理、整顿后的配线

5.2.3.5 材料的整顿

（1）材料整顿的要点。

① 定量定位存放。先确定材料的存放位置，再决定工序交接点、生产线和生产线之间的中继点所能允许的标准存量和最高存量，设定标准存量的放置界限，如长、宽、高的限定或占用台车数及面积的限定，并明确标识。

② 确保先进先出。现场摆放材料的各类周转箱、台车等，要求边线相互平行或垂直于区域线，保持堆放整齐，便于清点及确保材料先进先出，如图5-31所示。

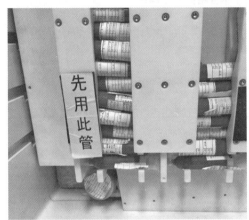

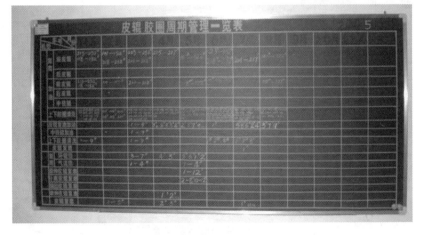

图5-31　材料标牌展示

③ 搬运、储存要合理。要防止加工中搬运或装箱时的刮伤、撞击、异品混入等。

④ 不良品要有标识。不良品及返修品，要设定放置场所，用不同的箱子装好，一般用红色或黄色箱子，以利于区别。不良品的装箱，以选用小箱子为宜，这样便能较快地装满并搬离生产现场，如图5-32所示。

（2）备品、备件的整顿。整顿的重点在于：在保管期间，备品、备件始终保持适宜使用的状态，并明确设定如污秽、伤痕、锈蚀等的预防措施。

图5-32 不合格区与废料区

（3）润滑油、液压油等油类整顿。对润滑油、液压油等油类物品的整顿要点如图5-33所示。

要点一	油的种类要统一，尽量减少种类
要点二	以颜色管理，配合油的名称及加油周期，利用颜色或形状，让员工能轻易分辨使用
要点三	油类集中保管，设置专用加油站，设定放置场所、数量、容器大小、架子及专用加油站的补充规定等
要点四	依油的特性或加油口的形状，装备器具
要点五	油类必须考虑到防火、公害、安全等问题，所以要彻底防止漏油以及灰尘、异物的混入
要点六	做好改善加油方法及延长加油周期的工作

图5-33 油类物品整顿要点

整顿后油桶如图5-34所示。

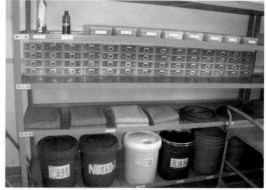

图5-34 整顿后油桶

5.2.3.6　清扫用具的整顿

（1）放置场所

① 扫把、拖把，一般给人感觉较脏，因此不要放置在明显处。

② 清扫用具绝对不可放置在配电房或主要出入口处。

（2）放置方法

① 长柄的清扫用具如扫把、拖把等，用悬挂方式放置并且要下设滴水接盘，如图5-35所示。

② 垃圾桶等，要定位放置且放稳，如图5-36所示。

图5-35　扫把、拖把等的放置

图5-36　垃圾桶定位

5.2.3.7　消耗品类整顿

为了防止消耗品到处散落，可用较小的盒子将它们装好，但不要装满。在收存时一定要加封盖，不要混入其他类似零件。

弹簧类易缠绕物品、垫圈类不易抓取的物品以及金属轴承等均须保持完好、无变形，对于这类小型物品，采用模组成套存放方式，比较容易拿取。

电气胶带、电线等物品的摆放也应便于拿取。

5.2.3.8　危险品的整顿

（1）危险品的存放。危险物品的存放一定要按照危险品的存放要求和标准进行。如某类化学品必须存放在阴凉的地方，又或者某类化学品不能与另一类物品一起存放等，所有这些相关的知识，都应该事先了解清楚。

（2）张贴说明等。化学用品的存放处应标明"使用规定""使用方法"及一些"安全注意事项"等。

（3）化学品的标识。化学品的标识应该注明化学品的类型、名称、危险情况及安全措施等。

（4）穿戴防护用品。在使用一些有毒、有害、有腐蚀性或刺激性的化学用品时，必须穿戴好防护衣、手套，以确保安全。万一不慎接触到身体，应立即清洗，如感不适，应马上到医院就诊。

化学品容器及定位标识如图5-37所示。

图5-37　化学品容器及定位标识

5.2.3.9　在制品的整顿

在生产现场，除了设备和材料，在制品是占据生产用地最多的物品，因此，也是生产现场整顿的主要对象。"整顿"在制品，应考虑以下问题。

（1）严格规定在制品的存放数量和存放位置。确定工序交接点、生产线和生产线之间的中继点所能允许的在制品标准存放量和极限存放量，指定这些标准存放量的放置边界、限高，占据的台车数、面积等，并有清晰的标识以便周知。

（2）在制品堆放整齐，先进先出。在现场堆放的在制品，包括用于在制品运输或放置的各类载具、搬运车、栈板等，要求始终保持叠放整齐，边线相互平行或垂直于主通道，这样既能使现场整齐美观，又便于随时清点，以确保在制品"先进先出"，如图5-38所示。

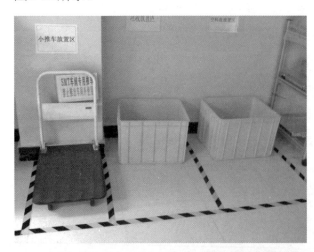

图5-38　在制品及推车的存放

（3）合理的搬运。

① 放置垫板或容器时，应考虑到搬运方便。

② 可利用传送带或有轮子的容器来搬动。

（4）在制品存放和移动中，要慎防碰坏刮损，应有缓冲材料间隔以防碰撞，堆放时间稍长的要加盖防尘罩，不可将在制品直接放在地板上。

（5）不良品放置场地应用红色标识。如果将不良品随意堆放，可能发生误用，所以要求员工养成习惯，一旦判定为不良品，应立即将其放置在指定场所，如图5-39所示。

5.2.3.10 公告的整顿

（1）墙壁上的海报、公告等的张贴要求。

① 不能随处张贴，要设定张贴区域。

② 未标识及超过期限的公告不可张贴。

图5-39 不良品的存放

③ 胶带遗留的痕迹一定要擦拭掉。

④ 公告上端要取一定的高度齐平张贴，这样会显得整齐划一。

（2）公告板（见图5-40）。

① 垂吊式看板，高度设定要统一。

② 要固定好，以免掉落。

图5-40 公告板

5.2.3.11 仓库的整顿

以定位、定量、定容来整顿仓库。

（1）定位。

① 对材料及成品以分区、分架、分层来区分。

② 设置仓库总看板（见图5-41），使相关人员能迅速、清晰地了解当前状况。

③ 对搬运工具进行定位，以便减少寻找时间。

④ 严格遵守仓库的门禁管理制度和物品发放时间。

如图5-42所示为整顿后的仓库场景。

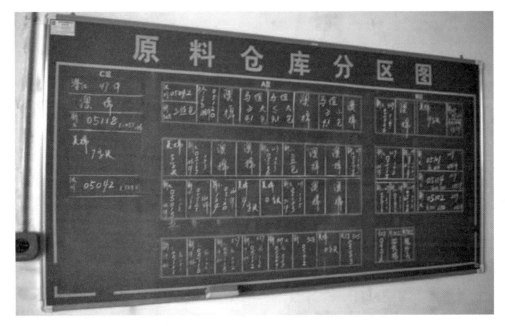

图5-41　仓库总看板

图5-42　整顿后的仓库场景

（2）定量。

① 相同的物品，在包装方式和数量上应尽量一致。

② 设定标准的量具。

③ 设定最高限量基准。

（3）定容。

各种材料、成品的规格不一致，因此要用不同的容器来装载。对同类物品的装载，容器大小应尽量相同，不然，大小不一的容器不仅显得不整齐，同时也浪费空间。此外，容器的规格选择必须考虑搬动是否方便，如图5-43所示。

图 5-43 各类材料用容器盛放

5.2.3.12 办公室的整顿

（1）工作区域。办公区标识如图 5-44 所示，办公设备如图 5-45 所示。

① 有隔间的，在门口处标识部门。

② 有隔屏的，则在隔屏的下面标识部门。

③ 无隔屏的，则在办公桌上以标识牌标识。

④ 办公设备实施定位。

⑤ 桌垫底下放置的内容最好统一规定，保持整洁。

⑥ 长时间离位或下班时，桌面物品应归好位，锁好抽屉，逐一确认后才离开。

办公桌及桌上物品定位及标识如图 5-46 和图 5-47 所示。

（2）资料档案。文件管理如图 5-48 所示。

① 整理所有的文件资料，并依大、中、小进行分类。

② 不同类别文件可用颜色管理方法。

③ 文件内可用引出纸或色纸，以便索引检出。

图 5-44 办公区标识

图5-45　办公设备

图5-46　办公桌定位　　　　　　图5-47　桌上物品定位标识

图5-48　文件管理

（3）看板、公告栏，如图5-49所示。

① 看板、公告栏的版面格局区分标识，如"公告""教育培训信息""资料张贴"等。

② 及时更新资料。

图5-49　办公室看板

（4）会议室、教室，如图5-50所示。

① 所用物品如椅子、投影仪、笔等应定位。

② 设定责任人，定期以查核表逐一点检。

图5-50　会议室

下面是某企业整理、整顿作业指引，供读者参考。

【范本5-01】▶▶▶

<h2 style="text-align:center">整理、整顿作业指引</h2>

1.目的

为6S全面推行打下基础，全员参与整理、整顿，以达到减少浪费，节省成本，创造良好的生产、生活环境，提高生产效率的目的。

2.适用范围

适用于本公司所有生产、生活范围。

3.生产现场整理、整顿

3.1 地面通道线、区划线

3.1.1 参考线宽：

（1）仓库/车间主通道：10厘米。

（2）区域线：6厘米。

3.1.2 通道线用于人、车、物料的通行，通常用实线，采用刷油漆的方法。

区划线用于工作区域内的功能细分，一般也用实线；另外功能不确定的区域也可考虑用虚线。

3.1.3 通道线和区划线使用明黄色线条。

3.1.4 对不合格品区域或危险区域（如高温高压），应使用红色线条。

3.1.5 通道本身的宽度应结合工作需要和场地大小决定。

3.2 定位线

3.2.1 定位线用于地面物品的定位，采用黄色线条，视实际情况可以采用实线或四角定位线等形式，线宽6厘米。

3.2.2 某些物品为了特别区分（如清洁工具、垃圾箱、凳椅等），可使用黄色线条。

3.2.3 对消防器材或危险物品的定位，为达到警示效果，应使用红色线条；前方禁止摆放的区域（如消火栓前、配电柜前）应使用红色线条。

3.2.4 移动式物品定位时（如推车、叉车），采用下图的方法。

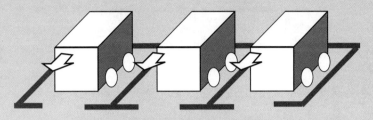

移动式物品定位示意图

3.2.5 位置变动类物品定位时，采用虚线定位法。

位置变动类物品定位示意图

3.2.6 形状规则的小物品定位时，可采用四角定位法，其中物品角和定位角线间距应在6厘米。

形状规则的物品定位示意图

3.2.7 位置已经固定的机床等设备，不使用专门的定位线。

3.2.8 货架常用四角定位，有时演变为从通道线或区划线上延伸的定位形式。

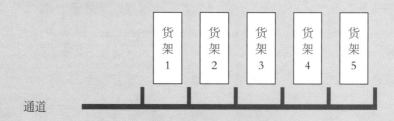

货架延伸的定位示意图

3.3 线条颜色区分

3.3.1 黄色（实线）：一般通道线、区划线、固定物品定位线。

3.3.2 黄色（虚线）：移动台车、工具车等停放定位线。

3.3.3 黄色（实线）：合格区。

3.3.4 红色：不合格区、废品区、危险区、配电装置、消火栓处、升降梯下等地面凸起物、易碰撞处、坑道、台阶等。

3.4 标识牌

3.4.1 样板区域标识牌（蓝底白字）（公司颁发）。

×× 车间

6S 责任区

责任人：×××

活动期间：2024.09-2024.12

样板区域标识牌

3.4.2 自制货架标识牌（大中型架）。

A1
五金工具类

B1
1#模具架

12厘米×9厘米

自制货架标识牌

3.4.3 定制工具架、模具架标识牌（小型架）。

机加车间铣床组 · 1#工具架
责任人：××× 类　别：（1）图纸、量具（第一层） 　　　　（2）工具、用品（第二层） 　　　　（3）已加工零件（第三层） 　　　　（4）待加工零件（第四层）

12厘米×9厘米

工具架标识牌

3.4.4 定制工具柜、物品柜标识牌（柜门左上角）。

机加车间铣床组 · 1#工具柜
责任人：××× 类　别：（1）资料用品 　　　　（2）常用工具、量具 　　　　（3）加工刀具 　　　　（4）劳保用品

车间用12厘米×9厘米
大标签

办公室用12厘米×9厘米
小标签

工具柜标识牌

3.4.5 工具/物品定点标识牌（数量变动时）。
标签尺寸：8.5厘米×5.0厘米　8.5厘米×3.0厘米　8.5厘米×2.0厘米

品 名		规 格	
最大库存			
安全库存			
备 注			

物品定点标识牌

3.4.6 工具/物品定点、定量标识（数量固定时）。

标签尺寸：8.5厘米×3.0厘米　8.5厘米×1.5厘米

（1）资料用品-1			
品名	修正液	规格	极细型
安全库存	2支	最大库存	5支

品名		规格	
数量		备注	

（2）常用工具-1			
品名	挑口钳	规格	$6^{\#}$
数量	3把		

工具/物品定量标识牌

以上规定可根据各单位具体情况调整。一些只需标识名称的简单场合应自行打印制作，要求醒目、美观、本单位范围内统一。

4.办公室的整理、整顿

4.1 文件、物品柜

4.1.1 文件整理分类，用文件夹分类放置。

4.1.2 文件夹标识统一：统一规格，用电脑打印（文件夹侧面标识为主）。

4.1.3 文件整理实行目视管理方法。

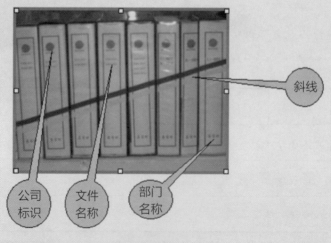

文件目视管理示意图

4.2 办公桌

4.2.1 桌面允许放置的物品（较长时间离开时）：文件夹（盒）、电话机（传真机）、文具盒（笔筒）、电脑、水杯、台历。

4.2.2 玻璃板下允许放置的物品（一般不主张使用玻璃板）：日历、电话表。

4.2.3 明确文件放置盒状态（待处理、已处理）。

4.2.4 抽屉的整理、整顿：

（1）不要的或不应该放在抽屉内的物品清除。

（2）抽屉内物品要分类，作分类标识。

（3）办公用品放置有序。

（4）个人用品放置在底层。

（5）有措施防止物品来回乱动。

4.3 茶具、水杯的定点放置。

4.4 雨伞、垃圾桶、清洁用具的定位、标识。

第6章

清扫（Seiso）的实施

6.1 清扫概述

清扫是将工作场所、设备彻底清扫干净，使工作场所保持一个干净、宽敞、明亮的环境，使不足、缺点凸现出来。其目的是维护生产安全、减少工业灾害、保证产品质量（见图6-1）。

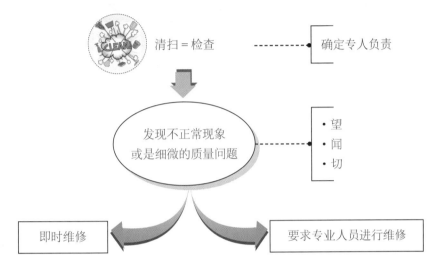

图6-1 清扫活动示意图

6.1.1 清扫不充分可能带来的影响

在生产过程中，现场会产生大量的灰尘、油污、铁屑、垃圾等，从而使生产现场变得脏乱不堪，如图6-2所示。

图6-2 现场图片

灰尘虽小，但它的破坏作用却很大。机器上有灰尘，会加速氧化过程，进而导致设备受腐蚀而生锈。腐蚀、生锈易造成设备的接口松动，造成零件脱落、零部件变形，甚至产生断裂，最终引发故障。具体而言，如果不清扫或清扫不充分可能会带来以下影响，如图6-3所示。

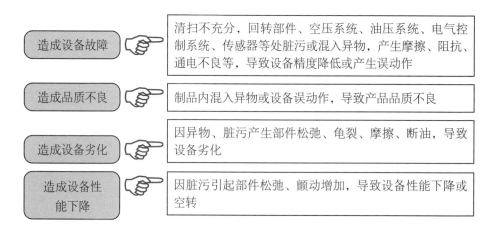

图6-3　清扫不充分可能带来的影响

6.1.2　清扫的好处

如果大家都能认真地做好清扫工作，则有以下好处。

（1）提高设备性能。

（2）保持良好的工作环境，可令人心情愉快，如图6-4所示。

（3）减少设备故障。

（4）提高作业质量。

图6-4　清洁的环境

（5）减少脏污对产品质量的影响。

（6）减少工业伤害事故。

6.1.3　清扫实施的工作程序

清扫实施的工作程序如图6-5所示。

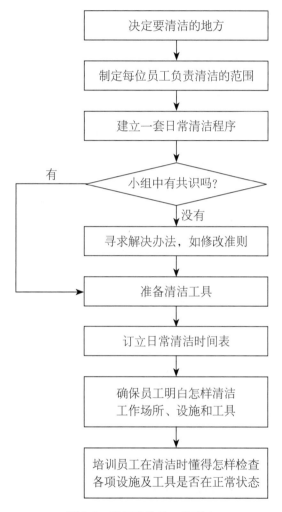

图6-5　清扫实施的工作程序

6.2　清扫活动的执行

6.2.1　确定清扫的对象

清扫的对象有物品放置场所、设备、空间等三类。

6.2.1.1 物品放置场所

物品各式各样，其放置的场所也有不同，所以在清扫之前必须了解要清扫什么。物品放置场所的清扫对象为：制品仓库、零件仓库、材料仓库、工厂内半成品放置处、零件放置处、生产线内放置处、机械工程内放置处、治工具棚架。

6.2.1.2 设备

与设备有关的清扫对象为：机器、设备、焊具、工具、刀具、量具、模具、车辆、搬运工具、作业台、柜子、桌子、椅子、备品。如图6-6所示为清洗后的玻璃。

图6-6 清洗后的玻璃

6.2.1.3 空间

空间的清扫对象为：地面、作业区、通道、墙壁、梁柱、天花板、窗户、房间、电灯。

6.2.2 清扫前的准备工作要做足

6.2.2.1 决定清扫责任区域与人员

清扫前须决定清扫责任人及清扫周期（是每天清扫或是隔日清扫）。

（1）清扫责任区域分配。以平面图（见图6-7）的形式，把现场的清扫范围划分到各部门，再由各部门划分至个人（见图6-8）。公共区域可利用轮值和门前承包的方式进行。具体步骤为：绘制工作场所位置图→将位置图加以区分→确定清扫任务责任人→公布在明显的地方。

责任区域	责任人	色别
A区	班组长	红
B区	员工	黄
C区	员工	绿
D区	员工	蓝

图6-7　清扫位置责任图示例

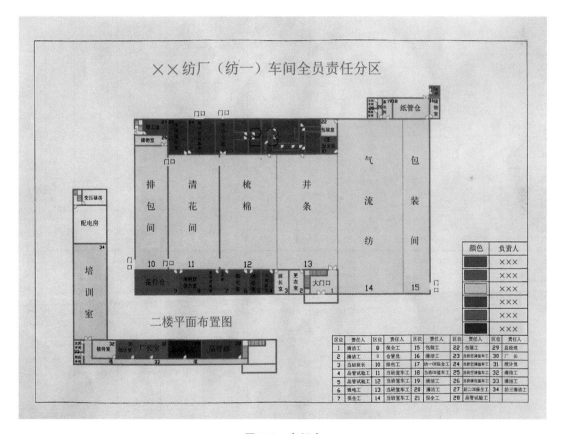

图6-8　责任人

（2）责任区描述及清扫频率安排。

对责任区进行了划分，并确定了责任人，还要进一步进行描述，并确定清扫频率，这样可以防止一些边界地带成为无人管理区。以下提供某公司对清扫责任区域描述、责任人及清扫频率的安排表供参考（见表6-1）。

表6-1 清扫责任区区域描述、责任人及清扫频率安排

代号	责任区	区域描述	重点	方法	责任人	清扫频率
A区 A1	11#缸至19#缸身清洁，四周墙壁及窗户、地面、天花板及接口设备、大办公室玻璃及控制设备	以10#缸边沿为界直到墙边、大办公室玻璃及墙内外自动控制全套设备	略	略	××× ×××	1次/天
A区 A2	10#缸至1#缸身清洁，生产天车、加料天车及窗户、走道、拉伸作业区地面	从1#至10#缸及从大门口至大办公室墙壁边沿	略	略	××× ×××	1次/天
B区 B1	设备、周边物品、墙、窗、照明灯管架及地面	以大区交界为准	略	略	××× ×××	1次/天
C区 C1	两个镍缸，包括墙面、柱子及地面、户照明灯	1#镍缸与回收缸中为界到外墙面	略	略	××× ××× (左边)	每班/次
C区 C2	回收缸及上下板架、地面柱子、整流器及风扇	1#镍缸与回收缸中到上下板架为界	略	略	××× ××× (右边)	每班/次
C区 C3	夹板区信道柱子，控制柜及缸整流器及风扇	上、下板架到手动镍缸旁水沟下边为界	略	略	××× ×××	每班/次
D区 D1	9#机周边物品、小办公室及所有水沟周边墙及风扇、天花板	以9#10#机中线为准，其他以D区范围为界	略	略	××× ×××	1次/天
D区 D2	10#机周边物品、地面周边柱边墙和风扇及10#机对应天花板		略	略	××× ×××	1次/天
E区	计算机控制室加小办公室	计算机控制室加小办公室地面环境卫生	略	略	××× ×××	1次/天
F区	车间外墙及其他未完善地方窗户、清理轧辊区	轧辊区隔离墙为界	略	略	××× ×××	1次/天

备注：天花板、壁扇、1次/10天、设备2次/每周、其他1次/每天，每次清洁必须彻底、并在日常加以维护。

6.2.2.2 公共区域清扫日程化

把清扫作业明确列出并日程化。特别是针对共同使用的区域可采用轮流值日制度来执行。制定日程表的步骤为：

（1）确定共同使用场所，包括会议室、休息室、厕所、图书室等。

（2）进行任务分配，明确使用人和责任人。

（3）整理清扫作业任务，依程序逐日分配给相关人员。

（4）编制日程表并公告，编制轮值表，确保责任人间相互传阅（见表6-2）。

表6-2 6S清扫值日一览表

部门：　　　　　　　　　　　　　　　　区域：

序号	清扫项目	清扫频率	清扫责任人	执行标准	监督人	备注

6.2.2.3 决定清扫部位、要点、重点

决定了由谁来执行经常性的清扫后，接下来则是考虑清扫部位、要点、重点，如表6-3所示。

表6-3 清扫部位及要点、重点

（设备／附属机械／周围环境）

清扫部位	清扫要点	清扫重点
1. 接触原材料/制品的部位，影响品质的部位（如传送带、滚子面、容器、配管内、光电管、测定仪器）	有无堵塞、摩擦、磨损等	（1）清除长年放置堆积的灰尘垃圾、污垢 （2）清除因油脂、原材料的飞散、溢出、泄漏造成的脏污 （3）清除涂膜卷曲、金属面生锈 （4）清除不必要的张贴物 （5）清除内容模糊、不明确的标识
2. 控制盘、操作盘内外	（1）有无不需要的物品、配线 （2）有无劣化部件 （3）有无螺丝类的松动、脱落……	

清扫部位	清扫要点	清扫重点
3. 设备驱动机械、部品（如链条、链轮、轴承、发动机、风扇、变速器等）	（1）有无过热、异常声音、震动、缠绕、磨损、松动、脱落等 （2）润滑油泄漏飞散 （3）点检润滑作业的难易度	
4. 仪表类（如压力、温度、浓度、电压、拉力等的指针）	（1）指针摆动 （2）指示值失常 （3）有无管理界限 （4）点检的难易度等	
5. 配管、配线及配管附件（如电路、液体、空气等的配管、开关阀门、变压器等）	（1）有无内容/流动方向/开关状态等标识 （2）有无不需要的配管器具 （3）有无裂纹、磨损	
6. 设备框架、外盖、立脚点	点检作业难易度（明暗、阻挡看不见、狭窄）	
7. 其他附属机械（如容器、搬运机械、叉车、升降机、台车等）	（1）液体/粉尘泄漏、飞散 （2）原材料投入时的飞散 （3）有无搬运器具点检……	
8. 工夹具及存放的工具柜、工装架等	（1）有无标识、有无乱摆放 （2）保管方法等	（1）整顿规定位置以外放置的物品 （2）整理比正常需求多出的物品 （3）应急时可使用物品的替换 （4）整顿乱写乱画、乱摆乱放
9. 原材料、半成品、成品（含存放架、台）	（1）有无标识、有无乱摆放 （2）保管方法等	
10. 地面（如通道、作业场地及其区划、区划线等）	（1）有无区划线，区划线是否模糊不清 （2）不需要物、指定物品以外放置是否合理 （3）通行与作业的安全性	
11. 保养用机器、工具（如点检/检查器械、润滑器具/材料、保管棚、备品等）	（1）放置、取用 （2）计量仪器类的脏污、精度等	
12. 墙壁、窗户、门	（1）脏污 （2）破损	

6.2.2.4 准备清扫用具

整理出来的清扫用具，要放置在容易取用、容易归位的地方。一般的清扫用具有图6-9所示几种。

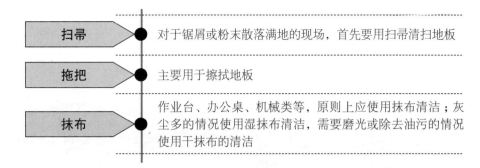

图6-9 一般的清扫用具

某企业开展6S时准备的清扫工具如图6-10所示。

图6-10 开展6S的清扫用具

6.2.3 实施清扫工作

6.2.3.1 全员开展清扫活动

清扫工作最好是由员工亲自动手（见图6-11至图6-14），清除常年堆积的灰尘或污垢，不留死角，将地板、墙壁、天花板甚至灯罩内外都打扫得干干净净。

图6-11 全员开展清扫活动

图6-12　办公空间的清扫

图6-13　办公室柜子清扫

图6-14　设备房清扫

6.2.3.2　清扫、检查机器设备

设备应是一尘不染的，每天都要保持最佳工作状态。在进行设备清扫时需要注意图6-15所示的几点。

要点一	不仅设备本身，其附属、辅助设备也要清扫
要点二	设备容易发生跑、冒、滴、漏的部位要重点检查确认
要点三	油管、气管、空气压缩机等看不到的内部结构要特别留心
要点四	核查注油口周围有无污垢和锈迹
要点五	表面操作部分有无磨损、污垢和异物
要点六	操作部分、旋转部分和螺丝连接部分有无松动和磨损

图6-15　进行设备清扫时需注意的要点

操作者应把设备的清扫与检查、保养润滑结合起来。常言道，清扫就是点检。通过清扫把污秽、灰尘尤其是原材料加工时剩余的那些东西清除掉。这样磨耗、瑕疵、漏油、松动、裂纹、变形等问题就会彻底地暴露出来，也就可以采取相应的补救措施，使设备处于最佳工作状态。

小贴士

为了使操作者能胜任对设备的点检工作，对操作者应进行一定的专业技术知识和设备原理、构造、机能的教育。这项工作可由技术人员担当，并且要尽量采取轻松灵活的方式进行。

日常点检的内容包括以下几点。

（1）对开关和电器操作系统按图6-16进行点检。

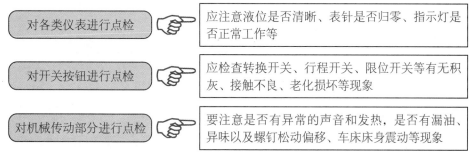

对各类仪表进行点检	应注意液位是否清晰、表针是否归零、指示灯是否正常工作等
对开关按钮进行点检	应检查转换开关、行程开关、限位开关等有无积灰、接触不良、老化损坏等现象
对机械传动部分进行点检	要注意是否有异常的声音和发热，是否有漏油、异味以及螺钉松动偏移、车床床身震动等现象

图6-16　日常点检的内容

（2）对润滑、油压系统进行点检。

① 润滑系统的检查。对润滑系统，按照"供油口→油箱→输油管→注油点"的顺序检查，其具体内容如图6-17所示。

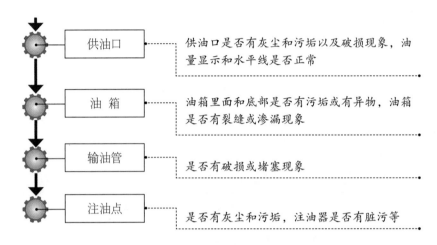

图6-17 润滑系统的检查顺序

② 油压系统的检查。对油压系统，按照"供油口→压力油箱→油泵→控制阀→油压缸"的顺序检查，其具体内容如图6-18所示。

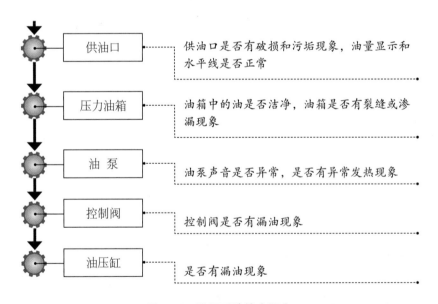

图6-18 油压系统检查顺序

（3）对电气控制和空气压缩系统进行点检。

① 电气控制系统的检查。对电气控制系统，按照"控制台→限位开关→配电线→驱动系统→伺服系统"顺序检查，其具体内容如图6-19所示。

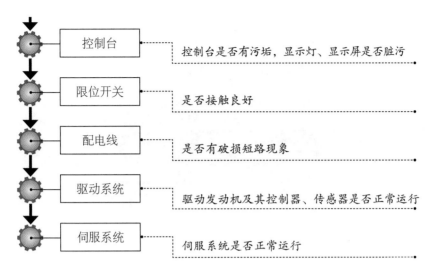

图6-19 电气控制系统检查顺序

② 空压压缩系统的检查。对空压压缩系统，按照"空气3点装置→控制阀→气缸→排气装置"的顺序检查，其具体内容如图6-20所示。

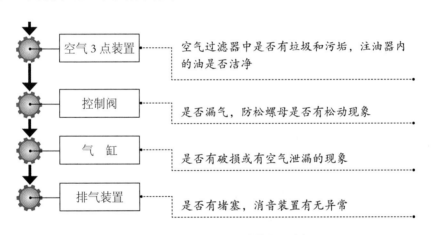

图6-20 空压压缩系统检查顺序

6.2.3.3 整修

对于清扫过程中发现的问题，企业应及时进行整修。例如，地板若存在凹凸不平的情况，搬运车辆行驶时会导致物品摇晃甚至碰撞，进而引发各种问题。因此，对于这类地板，企业需立即进行修复。同时，对于松动的螺栓，应立即进行紧固处理，并补充丢失的螺丝螺帽等配件。此外，对于需要防锈保护和润滑的部位，企业应严格按照规定及时进行加油或保养。

此外，企业还应关注机器设备的防护措施，如图6-21所示，齿轮等旋转部件应加装防护罩，以防止人员受伤或设备损坏。

图6-21　齿轮加防护罩

6.2.4　检查清扫结果

6.2.4.1　检查项目

操作者在清扫结束之后要进行清扫结果的检查，检查项目有以下几个方面：

（1）是否清除了污染源。

（2）是否对地面、窗户等进行了彻底的清扫和破损修补。

（3）是否对机器设备进行了全面的清洗和打扫。

对于清扫部位和要求都明确地以表格形式固定下来（见表6-4），值日员工每日按照要求进行检查，把检查结果记录下来，作为员工或部门6S考核的依据。

表6-4　生产部6S区域清扫检查表

（区域位置：　　　　值日员工：　　　　）

项目	清扫部位	清扫周期	要求	年　　月			
				1	2	…	31
机器设备	内外部污垢、周边环境	停机时	眼观干净，手摸无积压灰尘				
			正在生产的设备不能有材料废屑				
地面	表面	每天	保持清洁，无污垢、碎屑、积水等				
	通道		无堆放物，保持通畅				
	摆放物品		定位、无杂物，摆放整齐无压线				
	清洁用具		归位摆放整齐，保持用品本身干净				

续表

项目	清扫部位	清扫周期	要求	年　月			
				1	2	…	31
墙/天花板	墙面	每天	干净，无蜘蛛网，所挂物品无灰尘				
	消防		灭火器指针指在绿色区域，有定期点检				
	开关、照明		部门人员清楚每一个开关所控制的照明和设备				
			标识清楚，干净无积尘，下班时关闭电源				
	门窗		玻璃干净，门及玻璃无破损，框架无积尘				
	公告栏	1次/周	无灰尘，内容及时更新				
	天花板	有脏污时	保持清洁，无蛛网、无剥落				
工作台/办公桌	桌面	每天	摆放整齐、干净，无多余垫压物				
	抽屉		物品分类存放，整齐清洁，公私物品分开放置				
	座椅/文件		及时归位，文件架分类标识清楚				
箱/柜	表面		眼观干净，手摸无尘，无不要物				
	内部		分类摆放整齐、清洁				
茶桌	茶杯/茶瓶	每天	摆放整齐，茶瓶表面干净无污渍				
	表面		保持清洁，无污垢、积水等				
工具设备	表面		不使用时，归位放置，摆放整齐、稳固，无积尘，无杂物，放在设备上的物品要整齐				
组长或区域负责人签字							

注：（1）每天上午9:00由值日员工确认，合格在相应栏内打"○"，不合格应立即整改；不能立即整改的，先画"△"，待整改后画"√"。

（2）每天上午9:00以后，区域负责人检查确认（生产车间由组长检查确认），并在确认栏签字，检查情况记入6S个人考核记录表。

（3）每天6S主任和副主任对各区进行不定时的检查，对不符合项目按评分表进行扣分。

（4）各区域负责人要监督管理好所管辖区域的6S状况，确保所辖区域保持清洁、整齐、有序，对于另一部门的同事在本区域内出现的不符合6S管理要求的行为，要及时制止并引导其纠正，共同维护良好的工作环境。

6.2.4.2　检查方法

除了6S活动委员会的定期巡查之外，作为现场管理人员如何快速检查本部门的清扫效果呢？尤其是人多事杂的部门，如果逐个工序、逐个项目检查，耗时又费力。这里推荐一个轻松方便的方法——"白手套检查法"。

（1）白手套检查法如何运用。清扫检查时，检查人员双手都戴上白色干净的手套（尼龙、纯棉质地均可）。在检查相关的对象之前，先向该工序的责任人员出示手套（干净的），然后在检查对象的相关部位来回擦拭数次，接着再将手套重新向责任人员出示，由责任人员自己判定清扫结果是否良好。如果手套有明显脏污，则证明清扫工作没做好，反之则说明清扫符合要求，如图6-22所示。

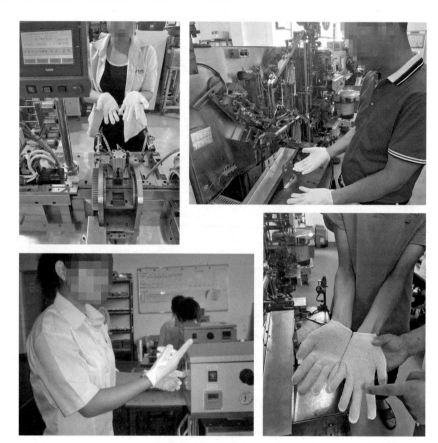

图6-22　白手套检查法

这种方法简单明了，反映的结果客观公正，具有极强的可操作性。在绝大多数情况下，被检查者都能够接受手套上所反映出来的结果，不会产生抵触情绪，因为结果自己也亲眼看到了，无话可说，管理人员也用不着费口舌。检查结束后，当事人通常都会积极配合进行改善活动。

（2）注意事项。用白手套检查法时要注意以下事项，具体如图6-23所示。

事项一　　**多预备几副手套**

尤其是对长流水线的工序，往往只用一副手套检查是不够的。弄脏的手套要另外摆放，事后及时清洗，这本身也是清扫的一部分

事项二 〉	每次只用一个手指头的正面或背面来检查

如果每次都用手掌面来确认的话，那手套肯定不够用，但是分开十个手指头的话就不同了：十个手指头的正反面，加上手掌面和手背面，一副手套就能检查22个工序点。如果手指头和工序点一一对应的话，只要看一下最终结果，就知道哪些工序点有问题

事项三 〉	也可以用白纸、白布裁成小块后来擦拭

检查有油脂、油墨的工序点时，油脂、油墨一旦粘在手套上，手套也得报废，因此可改用白纸、白布等裁切后进行检查

事项四 〉	多让被检查者自己判定

在现场管理中，巧妙地利用了绝大多数作业人员不愿落后于他人的心理。管理人员只需简单地亮出十个手指头，便能激发作业人员的自我比较心理。他们会自然而然地将自己负责的区域与前后工序进行对比，这种比较机制促进了内部的良性竞争。在这样的氛围下，不足之处会得到及时的改善，已经做得好的方面则会追求更优，从而推动整体6S管理水平不断提升

事项五 〉	擦拭部位要不断变换

若检查总局限于固定部位，时间一长，易让人误以为检查仅是走过场，导致松懈情绪蔓延。部分不自觉者，更会趁机仅清理检查点，忽视其他区域，造成偷懒敷衍现象

图6-23　白手套检查法应注意的事项

6.2.5　调查脏污的来源，彻底根除

即使每天都进行清扫，油渍、灰尘和碎屑还是无法杜绝，要彻底解决问题，还须查明污染的发生源，从根本上解决问题。

6.2.5.1　污染、泄漏产生的原因

工厂污染发生源产生的原因，大致有如图6-24所示的几个方面。

管理意识不强	放任自流	维持困难	技术不足
未将污染发生源当作重要的问题来考虑	不管污染发生源产生在何处，任其呈现破损及不正常状态	由于清扫难度大，所以干脆放弃不管	技术上解决方法不足，或完全未加以防范

图6-24　污染发生源产生的原因

6.2.5.2　污染发生源调查

污染发生源调查应遵循图6-25所示步骤。

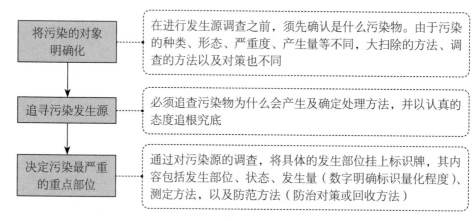

图6-25　污染发生源调查步骤

调查后，就可决定污染防治的重点部位，如针对护盖移位或松动等可以立即实施对策，针对其他项目，须依重点顺序实施对策。具体可制定污染源的发生清单，按计划逐步改善，根据污染发生源的影响程度、治理难度确定具体的解决方法。

6.2.5.3　寻求解决对策

污染源对策就是思考减少污染发生量或完全不让污染发生的办法。在具体对策方面有图6-26所示几点。

对策一　研讨各种技术，在容易产生粉尘、喷雾、飞屑的部位，装上挡板、护盖等改善装置，将污染源局部化，以保障作业安全并利于废料收集，从而减少污染

对策二　在设备更换、移位时，同样要将破损处修复

对策三　日常的维护管理是相当重要的，对有黏性的废物如胶纸、不干胶、发泡液等，必须通过收集装置进行收集，以免弄脏地面

对策四　在机器擦拭干净后要仔细检查油管、油泵、阀门、开关等部位，观察油槽周围有无容易渗入灰尘的间隙或缺口，排气装置、过滤网、开关是否有磨损、泄漏现象等

对策五　电器控制系统开关、紧固件、指示灯、轴承等部位是否完好

对策六　须思考高效率的收集或去污的方法，如改进油、废水回收的导槽、配管及收取粉尘而装设的集中收集装置，多角度思考能使污染物不到处飞散的方法，特制打扫用具，制作让切屑容易流动并方便扫除的设备等

图6-26　污染源对策

6.2.5.4　对策所要花费的费用及工时的评估

一旦对污染源采取对策之后，对于所要花费的费用及工时的评估、对策的难易度、是否自己能解决或者须依赖其他部门的技术支援等问题都要加以分析。进一步思考所采取的对策和所期待的效果，并设定优先顺序，然后实施。以下为某公司6S实施中对污染源产生的原因分析及对策意见（见表6-5）。

表6-5　污染源对策及费用评估

序号	产生原因	应对策略	采购费用评估
1	地面质量差，坑洼太多，地面材料脱落厉害，灰尘到处飞扬，不仅影响产品外观，同时清洁费时费工（通信、橡缆主通道）	（1）铺钢板 （2）铺水磨石 （3）铺沥青（能承压，比较便宜，建议选择） （4）不变	××
2	很多设备管道陈旧，颜色脱落（通信、拉丝、炼胶）	（1）专业公司喷漆：美观，质量好，时间短（建议选择） （2）自己喷漆：不美观，时间会长，费用相对会便宜 （3）不变，维持原装	××

第7章

清洁（Seiketsu）的实施

7.1　清洁概述

清洁就是将整理、整顿、清扫进行到底，并且管理制度化、公开化、透明化。

7.1.1　清洁标准的三要素

清洁的标准包含以下三个要素：

（1）干净。

（2）高效。

（3）安全。

如图7-1所示为清洁的工作环境。

图7-1　清洁的工作环境

7.1.2　清洁实施的工作程序

清洁实施的工作程序如图7-2所示。

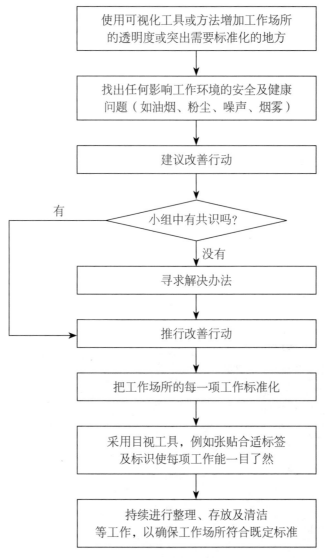

图7-2　清洁实施的工作程序图

7.2　清洁的执行

7.2.1　3S检查

在开始清洁时，要对"清洁度"进行检查，6S推行办公室应制定出详细的明细检查表，以明确"清洁的状态"。

7.2.1.1　检查的重点

3S检查的重点如下。

（1）工作环境内是否有不必要的东西？

（2）工具可以立即使用吗？

（3）有没有每天早上做扫除？

（4）工作结束后有没有进行收拾整理？

7.2.1.2 不符点的改善

检查时如果发现不符点，检查者一定要在所发现问题处贴红牌，将不符点拍摄下来，提出改善建议，并填写"3S问题改善单"（见图7-3），进行跟踪，直到改善。

3S 问题改善单

责任单位：   编号：

项目区分	□物料 □产品 □电器 □作业台 □机器 □地面 □墙壁 □门窗 □文件 □档案 □看板 □办公设备 □运输设备 □更衣室 □厕所	
红牌原因	问题现象描述	
	理由	
发起人		
改善期限		
改善责任人		
处理方案		
处理结果		
效果确认	□可（关闭） □不可（重对策） 确认人：	

> 标签纸一定要是红色的，以起到警示作用。

图7-3 3S问题改善单

7.2.2 设定"责任人"，加强管理

必须以较厚卡片和较粗字体标识出"责任人"，且张贴或悬挂在责任区显眼的地方，如图7-4所示。

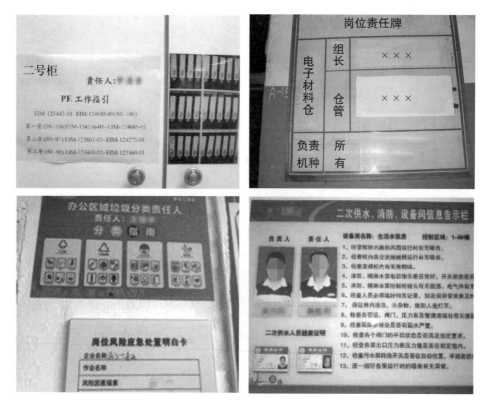

图7-4　责任人标识

7.2.3　坚持实施5分钟3S活动

每天工作结束后，花5分钟对自己的工作范围进行整理、整顿、清扫活动，不论是生产现场还是行政办公室都要推进该活动。

7.2.3.1　生产现场——5分钟/10分钟3S活动内容

生产现场——5分钟/10分钟3S活动内容如表7-1所示。

表7-1　生产现场——5分钟/10分钟3S活动内容

区分		活动内容
5分钟 3S活动	1	检查你的着装和清洁度
	2	检查是否有物品掉在地上，将掉在地上的物品都捡起来，如零件、产品、废料及其他
	3	用抹布擦干净仪表、设备、机器的主要部位以及其他重要的地方
	4	擦干净溅落或渗漏的水、油或其他脏污
	5	重新放置那些放错位置的物品
	6	将标识牌、标签等擦干净，保持字迹清晰

区分		活动内容
5分钟 3S活动	7	确保所有工具都放在应该放置的地方
	8	处理所有非必需品
10分钟 3S活动	1	实施上述5分钟3S活动的所有内容
	2	用抹布擦拭干净关键的部件及机器上的其他部位
	3	固定可能脱落的标签
	4	清洁地面
	5	扔掉废料箱内的废料
	6	对个人工具柜进行整理或对文件、资料、记录进行整理

7.2.3.2　办公室——5分钟/10分钟3S活动内容

办公室——5分钟/10分钟3S活动内容如表7-2所示。

表7-2　办公室——5分钟/10分钟3S活动内容

区　分		活　动　内　容
5分钟 3S活动	1	检查你的着装和清洁度
	2	检查是否有物品掉在地上，将掉在地上的物品都捡起来，如回型针、文件及其他
	3	整理并彻底清洁桌面
	4	检查存放文件的位置，将文件放回它们应该放置的位置
	5	扔掉不需要的物品，包括抽屉内的私人物品
	6	检查档案柜、书架及其他家具等，将放得不恰当的物品放回应该放置的位置
10分钟 3S活动	1	实施上述5分钟3S活动的所有内容
	2	用抹布擦拭干净计算机、传真机及其他办公设备
	3	固定可能脱落的标签
	4	清洁地面
	5	扔掉垃圾桶内的垃圾
	6	检查电源开关、门窗、空调等是否已关好

7.2.4　3S目视化

7.2.4.1　透明化

在6S活动中，通常整理、整顿、清扫做得最差的地方，往往是看不到的场所，如藏在铁架或设备护盖背后的东西，此时，即可以利用目视管理，如取下护盖让其透明化，或在外部护盖上加装视窗，可以看到里面的控制盘，如图7-5至图7-7所示。

图7-5　拆掉门并加装透明玻璃

图7-6　透明化办公

图7-7　装上防护玻璃

7.2.4.2　状态的量化

通过安装多种量测仪器，将各项参数精确量化，并利用颜色明确标识出管理界限。一旦发生异常，相关人员能够迅速识别并了解具体情况。

7.2.4.3　状态视觉化

如在空调上绑上布条，可以了解其送风状况（见图7-8），或用颜色标识管理界限（见图7-9）。

图7-8 空调上装上布带指示有风

图7-9 颜色标识管理界限

7.2.5 适时深入培训

3S活动开展初期，作业人员接受的是大众化的培训内容，如果要和自己的工作对应，有时又不知道从何做起。这就要求培训人员（管理人员）深入到每一工序，与作业人员交换意见，制定具体的3S活动项目，如图7-10所示。

7.2.6 3S标准化

3S推进到一定程度，就进入了实施标准化的阶段。在管理现场，"标准"可以理解为"做事情的最佳方法"，如图7-11所示。

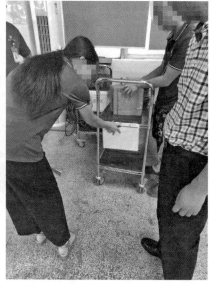

图7-10 具体指导

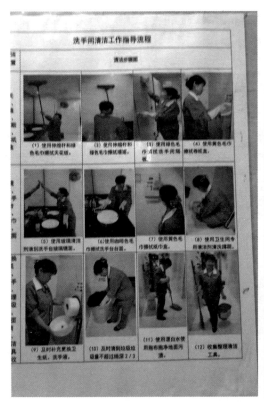

图7-11　标准化

　　对整理、整顿、清扫如果不进行标准化，员工就只能依据个人的理解和习惯去执行，这会导致实施的深度和效果大打折扣，往往局限于扫扫地、擦擦灰、简单摆放整齐等表面工作。为了深入且有效地开展整理（Seiri）、整顿（Seiton）、清扫（Seiso）这3S活动，就必须对3S活动的维护方法以及遇到异常情况时的处理流程进行标准化制定（在标准的建立过程中，可以参考后附的详细范本作为指导）。这样的标准化不仅能维持3S工作所必需的高水准实施效果，还能有效避免因作业方法不当而引发的实施水平低下、工作效率不高的问题，更重要的是，它能预防可能因操作不规范而对设备和员工人身安全造成的潜在风险。

小贴士

　　对工作方法进行深入的分析与总结，提炼出最正确、最经济、最有效率的工作方法，并将这些方法以文件的形式固定下来，形成标准化的操作指南。随后，通过培训与教育，确保每位员工在作业过程中严格遵照执行，这一系列过程构成了标准化工作的核心内容。标准化的显著好处在于，它能够使工作程序维持在最佳状态，确保每一次执行都能达到既定的标准，从而有效避免工作偏差，提升工作效率与质量。

【范本7-01】▶▶

3S 常见问题整改备忘表

跟进日期：　　　　　　　　　　跟进人：

序号	问题点及改善建议		责任人	计划完成日期	跟进情况
1	问题点：地上无指示方向箭头	改善建议： （1）需要在地上用绿色画地标指示方向 （2）参考样板			
2	问题点：仍无确定责任人及划定责任区，应制作好标识	改善建议： 做好防护的设备应再进行责任区及责任人的标识			

续表

序号	问题点及改善建议		责任人	计划完成日期	跟进情况
3	问题点：划分好的区域内仍存放着很多杂物 	改善建议： （1）确定区域责任人，实行责任到人 （2）区分要与不要的物品，并将不要的物品移除 （3）将有用的物品进行合理的包装后整齐存放，并标识清楚 			
4	问题点：未实行定位放置，设备及相关物品放置凌乱 	改善建议： 对设备实行定位，整齐划一存放，并将配套胶筐等也实行定位放置，并画好定位线 			

续表

序号	问题点及改善建议		责任人	计划完成日期	跟进情况
5	问题点：设备上的标识牌破损，状态不明确	改善建议：制作一个统一的标识牌，以便每天监督			
6	问题点：设备和模具上放着其他杂物，灰尘很多	改善建议： （1）对设备和模具做全面清扫 （2）要求作业人员下班前将设备上的杂物全部放置好，并清扫设备及周边的卫生			

序号	问题点及改善建议		责任人	计划完成日期	跟进情况
7	问题点：设备漏油，污染地面，影响美观 	改善建议： （1）检查设备漏油的部位并全面修理好 （2）将此问题纳入设备日常保养要求内			
8	问题点：消防设施下面堆放杂物 	改善建议： （1）移除消防设施下面的杂物 （2）按要求在消防设施下方画警示线 			

续表

序号	问题点及改善建议		责任人	计划完成日期	跟进情况
9	问题点：电源控制箱上没有安全警告标识	改善建议： 购置规范的安全警告标识，并在下方画警戒线			
10	问题点：空压机设备内侧脏乱	改善建议： （1）划定此区域责任人 （2）要求定期清扫			
11	问题点：开关无对应的标识	改善建议：所有开关均按要求贴上标识			

序号	问题点及改善建议		责任人	计划完成日期	跟进情况
12	问题点：有些物品仍未进行整理和整顿	改善建议：参考整理、整顿执行标准，要求进行定点定位放置及清楚标识			
13	问题点：物品放置区没有划定区域线并作对应的区域标识	改善建议： （1）分析此区域存放物品的必要性，如有必要则需要划定固定区域，并做好区域标识及确定责任人 （2）将所有物品进行整理和整顿			

续表

序号	问题点及改善建议		责任人	计划完成日期	跟进情况
14	问题点：模具架看板损坏未处理	改善建议：重新制作统一的模具架看板，并重新对清单格式进行统一			
15	问题点：模具架上对模具的标识使用手写（太随意）	改善建议：改用统一字体字号的打印标识			
16	问题点：电话线随意张挂	改善建议：改用线管或用隐藏方式整理电话线			

备注：跟进栏中符号填写：☆——已安排；◎——实施中；○——已完成

第8章

安全（Safety）的实施

8.1 安全的作用

（1）让员工放心，以最佳状态投入工作。

（2）防止安全事故，让生产更顺畅。

（3）防止伤害，减少经济损失。

（4）让员工有责任、有担当，一旦发生事故，能迅速应对。如图8-1所示为车间风险告知书，有助于员工的日常安全防护。

（5）管理更到位，让客户更信任、更放心。

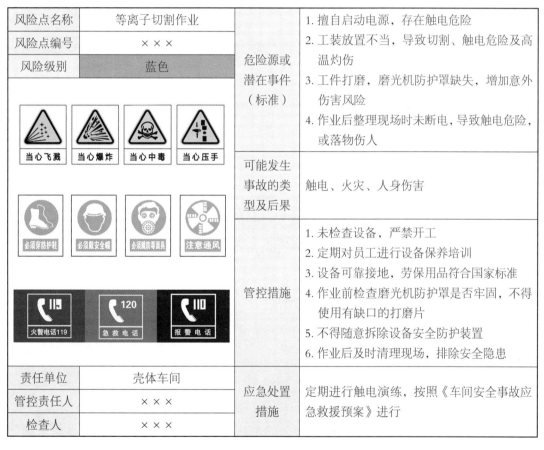

图8-1 车间风险告知书

8.2 建立安全生产管理信息系统

安全生产管理信息系统是利用现代信息技术，如计算机、网络、物联网、大数据等，对企业安全生产信息进行采集、存储、处理和分析的系统。它涵盖了企业安全生产的各个环节，包括设备运行情况、员工工作状态、安全事故记录等，通过对这些数据的实时监测和分析，帮助企业及时发现和处理潜在的安全隐患。安全生产管理信息系统在现代企业安全生产管理中扮演着至关重要的角色。它不仅能够提升安全管理效率、降低事故风险、优化资源配置、提升安全管理水平，还能够推动企业的智能化转型、增强企业竞争力以及完善责任追溯机制。因此，企业应该高度重视安全生产管理信息系统的建设和应用工作。

8.2.1　建设目标

（1）体现"过程管理""系统管理"和"PDCA循环管理"理念，涵盖安全管理的所有要素和业务流程。

（2）以岗位达标为主线，明确岗位职责，以绩效考核为手段，强化内部管理，严格责任履行。

（3）构建监督检查体系，规范安全检查方案，提高安全检查的质量和效率，有效防范安全风险。

（4）充分发挥信息技术优势，做到"安全职责明确化、基础数据标准化、监督检查有效化、现场管控智能化、考核评价自动化、监督管控全程化、工作改进持续化、文化建设常态化"。

（5）实现安全管理工作的"痕迹化、常态化、网格化、便捷化、精细化、有效化"，提升安全管理水平。

8.2.2　建设任务

整个系统体现出"标准化、信息化、安全文化"三化的有机融合。安全生产管理信息系统的建设任务如图8-2所示。

8.2.3　系统的功能架构

系统的功能架构如图8-3所示。

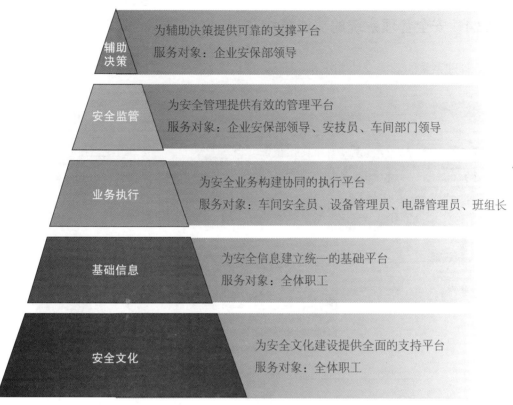

图 8-2 安全生产管理信息系统的建设任务

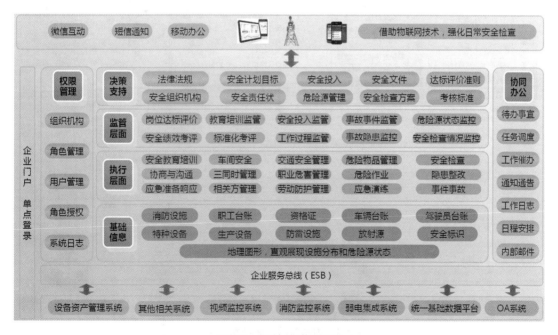

图 8-3 系统的功能架构

8.2.4　安全管理系统的功能模块

安全管理系统的功能模块如图8-4所示。

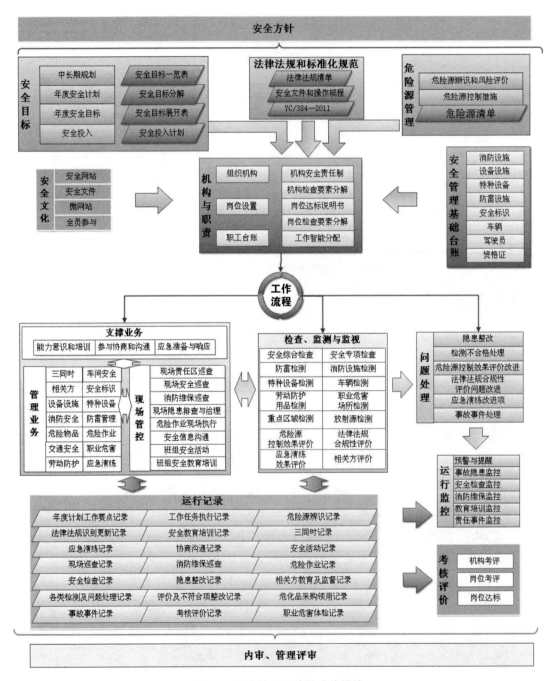

图8-4　安全管理系统的功能模块

8.2.5　安全管理系统的设计要点

8.2.5.1　体系策划

体系策划主要是指在安全方针指导下依据法律法规和公司的《基础管理规范》，制定安全管理办法和程序文件，以及各类操作规程，建立安全管理体系。在此基础上落实岗位责任制，形成岗位标准；编制各层级安全检查方案，建立安全检查监督体系；制定业务工作流程，进而转化为信息系统的工作流程，驱动安全管理工作的开展。

（1）明确岗位职责、强化责任落实。明确岗位职责、强化责任落实的流程如图8-5所示。

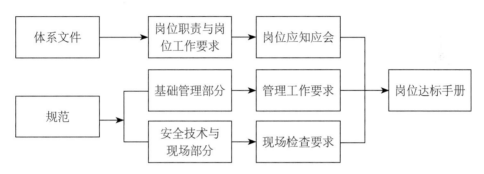

图8-5　明确岗位职责、强化责任落实的流程

依照"一岗双责"的要求，和"谁主管、谁负责"的原则，健全安全生产责任制。

首先，依据《基础管理规范》梳理出安全工作要求，落实到相关岗位，形成岗位的安全工作职责；依据《安全技术和现场规范》梳理出各类设备设施的检查要素，并将设备设施按照责任区划分到现场作业岗位，明确现场管控责任；根据实际情况，明确各个工作岗位需要掌握的"基本安全概念、安全管理技能、安全生产知识、安全生产技能、安全应急处置"等应知应会的知识；依据《安全生产标准化规范考评检查标准》，明确各项工作要求的考评准则。最终形成各岗位的《标准化达标手册》。使得每个人都清楚地知道"自己应该做什么？何时做？怎么做？做到什么程度？"。做到"岗位有职责、作业有程序、操作有标准、考核有准则"。

岗位标准的主要内容如表8-1所示。

表8-1　岗位标准的主要内容

部门名称		岗位名称	
任职要求			
基本要求	列出本岗位的基本任职要求，如年龄、学历、技能等方面的要求		
任职资格	列出本岗位应取得的资格证，可以多选，多个资格证之间用分号分割		
培训要求	列出本岗位需要接受的培训内容、培训周期、培训次数、培训课时等要求		

岗位职责		
描述本岗位的安全工作职责（对操作岗列出安全自查要求和内容）		
职业健康		
监护分类	体检周期（月）	职业禁忌
劳动防护		
劳动防护用品	发放周期（月）	发放数量

应知应会		
序号	知识分类	应知应会内容
		主要包括：基本安全概念、安全管理技能、安全生产知识（岗位安全知识）、安全生产技能（岗位安全技能）、安全应急处置

主要危险源		
序号	危险源	控制措施
		从危险源的控制措施中落实的相关岗位关联过来

安全基础管理		
管理工作分类	要素编号	管理工作要求
《安全标准化考评检查标准》的一级分类	《安全标准化考评检查标准》中的要素编号	从《安全标准化考评检查标准》中梳理出来的安全工作职能和工作要求。可以明确对应到《安全标准化考评检查标准》的条款内容上，主要包括：资料管理、日常管理、监督管理。主要针对安全管理岗位

现场安全管理		
管理工作分类	要素编号	现场管理工作要求
《安全标准化考评检查标准》的一级分类	《安全标准化考评检查标准》中的要素编号	从《安全标准化考评检查标准》中梳理出来的安全工作职能和工作要求。可以明确的对应到《安全标准化考评检查标准》的条款内容上，主要包括：设备设施和作业环境管理、作业活动管理、相关方现场管理。主要针对现场安全管理岗位

续表

行为规范	
行为规范编号	行为规范内容
	列出本岗位相关的作业活动禁止性要求。对应《安全标准化考评检查标准》中梳理出来的安全行为要求，主要包括：通用安全行为要求、安全作业要求、劳动防护用品使用要求

现场管控		
设施类型	管控要素内容	设施及数量
	直接从《安全标准化考评检查标准》中梳理出的检查项选择而来。主要包括：设备设施使用保养、辅助设施及工器具使用保养、应急设施使用保养、定置管理、安全标识、环境卫生	

其他要求
结合专业及岗位的特点，提出的岗位安全生产其他要求

（2）明确检查主体、构建监督检查体系。首先，企业应梳理出规范化的安全检查要素。然后，依照"谁主管、谁负责"的原则，明确各项检查要素的检查主体和监督主体。构建"责任清晰、分工明确、监管到位"的检查监督体系。强化基层（车间、部门）的检查主体地位，加强自查体系建设；强化日常安全巡查的基础作用；突出专项检查的技术优势；发挥综合检查的监督作用。明确检查主体，构建监督检查体系如表8-2所示。

表8-2　明确检查主体、构建监督检查体系

分类		检查措施		监督措施	
		负责人	周期	负责人	周期
人的不安全行为		班组长	每天	生产主任	每月
物的不安全状态	消防设施	安全员	每月	安全主任	每月
	安全联锁	电器员	每周	设备主任	每月
	电器设备	电器员	每月	设备主任	每月
	生产设备	设备员	每月	设备主任	每月
管理缺失		安保部	半年	安全主任	半年
不良环境因素		安保部	一年	安全主任	一年

（3）规范安全检查、加强风险管控。规范安全检查、加强风险管控也就是构建出多层级、多类型、多频度的各种安全检查方案。明确检查岗位、检查周期、检查对象、检查要素，实现全方位的风险管控，如图8-6所示。

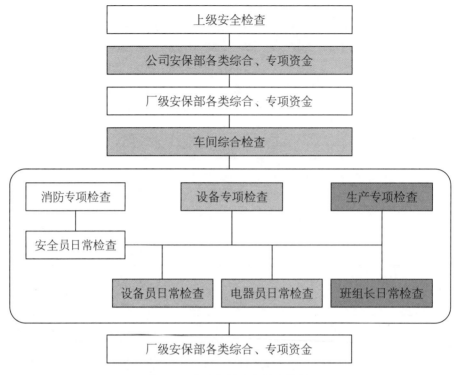

图8-6 全方位的安全检查管控

（4）规划业务流程、驱动体系执行。企业应根据实际情况重新梳理业务工作流程。并将业务流程转化为系统工作流程模型。用工作流程来驱动各项安全工作的执行，每项工作都形成详细的工作记录。实现"工作有状态、任务有提醒、超期有警告"。方便安全工作的执行和监管。

8.2.5.2 制定安全目标

制定安全目标的程序如图8-7所示。

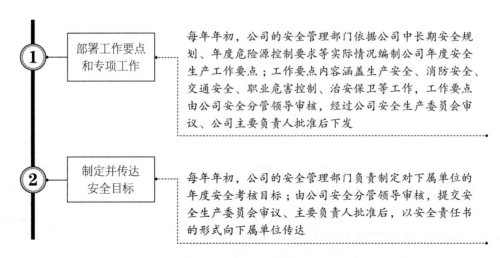

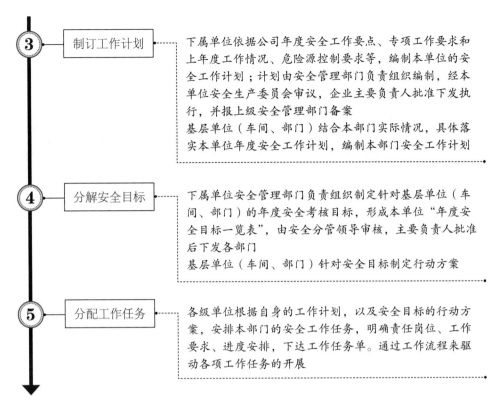

图8-7 制定安全目标的程序

8.2.5.3 基础台账

系统应有翔实的安全管理台账来支撑企业的各项安全管理工作。安全管理基础台账包括：特种设备、消防设施、设备设施、车辆台账、驾驶员、资格证人员、职业健康监护人员、安全标识等。

8.2.5.4 支撑业务

支撑业务会体现在安全管理工作的各个方面，是安全管理工作顺利开展的支撑和保障。包括：能力意识和培训、参与协商和沟通、应急准备与响应、安全文化建设等模块，具体内容如表8-3所示。

表8-3 支撑业务的模块及功能要求

序号	功能模块	功能要求
1	加强教育培训、提升员工素质	（1）加强资格证管理，提前进行复训提醒 （2）制订培训计划，加强持证上岗人员培训、相关方培训、单位负责人培训 （3）建立三级教育档案，提供完善的培训记录 （4）提供未达到培训课时要求的预警与提醒

序号	功能模块	功能要求
2	建立沟通机制、营造参与氛围	（1）建立由员工代表参与的安全事务协商沟通机制，详细记录沟通结果 （2）通过电话、书面报告、短信、微信等多种渠道，收集职工提出的意见、建议、抱怨、投诉等各种信息 （3）对职工提出的问题进行及时的处理和反馈，营造全员参与安全管理的氛围
3	重视应急演练、修订应急预案	（1）编制详细的应急预案 （2）制定应急演练计划和方案 （3）按计划开展应急培训，组织应急演练 （4）总结、评价演练情况，及时修订应急预案
4	建设安全文化、增强安全意识	（1）建设安全文化网站；搭建与职工的微信互动渠道。建立全员参与、学习、交流、经验共享的平台 （2）宣传企业文化，传播安全知识，弘扬安全文化，增强职工的安全意识，强化自我管理，支持安全文化落地生根

8.2.5.5　管理业务

管理业务主要是指管理部门和管理人员开展的专业安全管理工作。包括：相关方管理、交通安全、危险物品管理、职业健康监护等。企业应将各项安全责任分配给相关岗位，由相关岗位按要求完成相应的安全管理工作。对于有时间周期性的任务，由系统定时启动周期性工作任务，并通过待办事宜来驱动各项任务的执行。

8.2.5.6　现场管控

现场管控主要是指生产现场班组和作业岗位开展的日常安全管理工作。主要安全工作包括：作业岗位对自己责任区进行的现场检查；现场管理岗位依据安全检查方案对辖区进行的日常安全巡查；危险作业的现场治理；现场隐患的排查和治理、消防维保检查等。

（1）利用手持终端提高检查质量。员工可借助物联网技术，利用手持终端进行现场安全检查。

在检查区域应张贴电子标签。手持终端自动记录检查时间，如果发现问题，可以现场登记问题项，并提供拍照留痕功能，同时结合地理图形直观展现"已查、未查，及存在问题"的设施状态，如图8-8所示。

（2）基于地理图形、直观展现设施状态。检查人员通过系统中的地图可直观地展现设施的分布情况，实时反映设备设施的管控状态；及时提醒管理人员重点关注存在隐患的设备设施；同时，可方便检索出该设备设施的相关信息，包括设备设施的基本信息、检查要素、检查历史、存在的隐患信息、整改历史等。

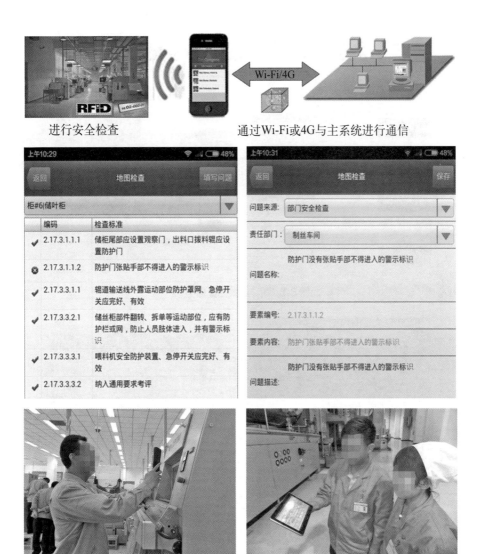

图 8-8　利用手持终端检查图示

（3）强化作业管理、防范作业风险。危险作业包括：动火作业、杀虫作业、高处作业、有限空间作业、临时用电、外方作业等。

企业对危险作业应严格执行"作业申请、作业审批、作业前交底、作业中监护和监督、作业后收尾"的管理过程，同时实现闭环管控，应采用移动终端、施工牌等先进的技术手段，确保监护和监督到位，以有效防范作业现场的各类风险。危险作业管理过程如图 8-9 所示，采用移动终端办理申请事项如图 8-10 所示。

8.2.5.7　检查、检测与评价

此部分工作主要是指对各类安全管理工作的监督和评价，主要包括三个方面，如图8-11所示。

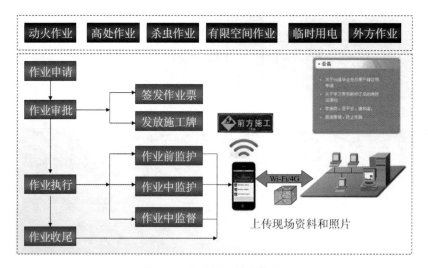

图8-9　危险作业管理过程

图8-10　采用移动终端办理申请事项

监督检查重点是对安全管理工作的执行情况和危险源风险管控情况进行监督检查，对各项工作的结果进行验证。监督检查的结果为岗位、班组、部门、企业的考核评价提供依据。也是岗位达标的重要依据。
监督检查包括：上级检查、企业自评、各级综合检查等

按照检测周期组织各类设备设施的定期检测

（1）危险源的控制效果评价，为下一年度的危险源辨识提供依据
（2）法律法规的合规性评价，发现问题，组织整改
（3）组织对相关方的绩效评价，优胜劣汰

图8-11　各类安全管理工作的监督和评价

8.2.5.8 问题整改

针对检查、监测过程中发现的问题项和隐患进行整改。

（1）建立问题提报渠道，及时处理反馈。对通过各种渠道提报上来的问题项进行分拣处理：能够处理的及时处理，给出反馈意见；属于其他部门的问题项，及时转发；属于事故隐患的，下达隐患整改通知。问题项和隐患分拣流程如图8-12所示。

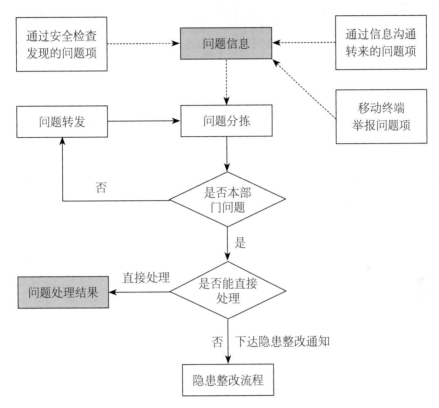

图8-12 问题项和隐患分拣流程

（2）加强隐患整改、实现闭环管控。企业应建设多渠道的隐患排除和上报机制，以工作流程为驱动，实现对隐患"上报、整改、复查"的闭环管控，严格把控"整改措施、责任、资金、时限、预案"的落实情况，详细记录隐患整改的过程信息，实现整改前后的隐患现场图片对比，对隐患信息实现多维度的图形化统计分析，为危险源的控制效果评价提供依据。问题项和隐患整改流程如图8-13所示。

8.2.5.9 运行记录

系统建立安全档案管理模块，可以灵活设定归档规则，自动将安全管理工作中产生的各类记录进行归档。形成安全档案，供相关人员进行查阅。

规范运行记录，加强记录管理，提升职业健康安全管理体系运行的有效性。

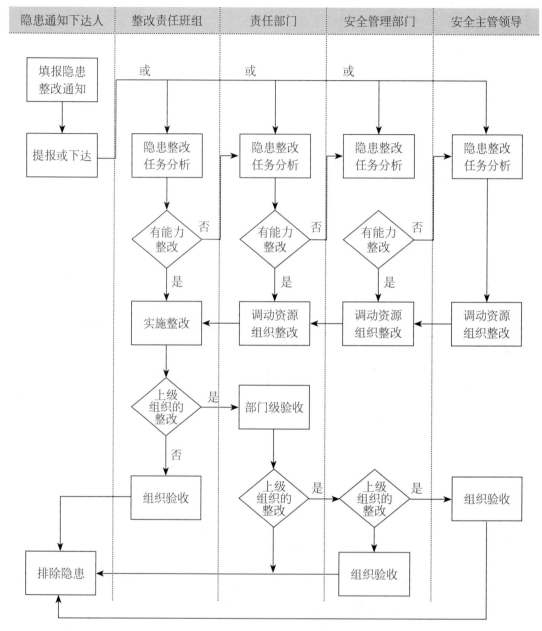

图8-13　问题项和隐患整改流程

8.2.5.10　考核评价

依据运行记录，对安全管理工作和现场风险管控情况进行考评。评价要求主要包括：

（1）按照"层层负责、逐级监督、环环相扣"的原则，建立针对企业、车间（部门）、班组、岗位的逐级考评体系。

（2）依据企业的安全生产标准和岗位达标规范对岗位进行达标考评。

8.2.5.11 运行监控

（1）在系统的首页上应显示出操作人员当前需要完成的任务，以及需要关注的安全信息。

（2）系统提供全方位的运行监控看板，实时反映安全动态，为安全管理工作监管和决策提供支持。

（3）使安全监督方式"从结果性监督，转换为过程性监督；从现场督查，转化为线上时时监管"。可以随时追踪工作的进展情况和工作质量。做到"过程有记录、工作有监督、改进有保障"，确保职责履行到位，提高工作的执行力。

8.2.5.12 体系评审

以工作记录为输入，每年进行一次管理评审，来评审安全管理体系的适宜性、有效性、充分性。企业针对管理评审中发现的问题应及时进行整改，优化安全管理体系，充分体现"PDCA 循环"的管理思想，实现安全管理工作的持续改进。

8.3 做好安全识别

安全识别是指利用颜色刺激人的视觉，以达到警示的目的。在工厂中发生的大部分事故都是由人为疏忽造成的，因此，有必要追究到底是什么原因导致人为疏忽及如何预防人为疏忽。其中，利用颜色是很有效的一种手段，只要把包含醒目颜色的安全警示标识张贴在需要特别注意的部位（见图8-14），就能发挥警示作用。

图 8-14　机器设备上的安全警示标识

8.3.1 安全色

安全色的意义及使用说明如表8-4所示。

表8-4 安全色的意义及使用说明

颜色	意义及使用说明
红色	红色表示禁止、停止、消防、危险
黄色	黄色表示警示，需要警示人们注意的器件、设备或环境
蓝色	蓝色表示指令，即必须遵守的规定
绿色	绿色表示可以通行、安全
红色和白色相间的条纹	使用红色与白色相间的条纹比单独使用红色更醒目，表示禁止通行、禁止跨越，主要用于防护栏杆
黄色和黑色相间的条纹	使用黄色与黑色相间的条纹比单独使用黄色更醒目，表示特别注意，主要用于起重吊钩、平板拖车排障器、低压管道等。相间的条纹宽度相等，在较小的面积上，其宽度可适当缩小，每种颜色不应少于两条，斜度一般为45°。在设备上使用黄色与黑色相间的条纹时，其倾斜方向应以设备的中心线为轴，呈对称形
蓝色与白色相间的条纹	使用蓝色与白色相间的条纹比单独使用蓝色更醒目，主要用于指示方向
白色	标识中的文字、图形、符号和背景色及安全通道、一般通道上的标线使用白色，标线的宽度不小于60毫米
黑色	禁止、警告和公共信息标识中的文字、图形使用黑色

8.3.2 安全标识

安全标识是由安全色、边框、图形符号、文字构成的标识，用于传达特定的安全信息。安全标识可分为禁止标识、警告标识、命令标识和提示标识四大类。

8.3.2.1 禁止标识

禁止标识用于禁止或制止人们做某种动作。禁止标识的基本形式是带斜杠的圆形，其常用颜色如表8-5所示，常见的禁止标识如图8-15所示。

表8-5 禁止标识的常用颜色

部位	颜色
带斜杠的圆形	红色
图形符号	黑色
背景	白色

图 8-15　常见的禁止标识

8.3.2.2　警告标识

警告标识用于提醒人们提防可能发生的危险。警告标识的基本形式是正三角形，其常用颜色如表 8-6 所示，常见的警告标识如图 8-16 所示。

表 8-6　警告标识的常用颜色

部位	颜色
正三角形、图形符号	黑色
背景	黄色

图 8-16　常见的警告标识

8.3.2.3　命令标识

命令标识用于提醒人们必须遵守规定。命令标识的基本形式是圆形，其常用颜色如表 8-7 所示，常见的命令标识如图 8-17 所示。

表8-7　命令标识的常用颜色

部位	颜色
图形符号	白色
背景	蓝色

图8-17　常见的命令标识

8.3.2.4　提示标识

提示标识用于提供目标所在位置及方向信息。提示标识的基本形式是矩形，其常用颜色如表8-8所示，常见的提示标识如图8-18所示。

表8-8　提示标识的常用颜色

部位	颜色
图形符号、文字	白色
背景	一般的提示标识使用绿色，消防设备的提示标识使用红色

图8-18　常见的提示标识

8.3.3 补充标识

补充标识是安全标识的文字说明，必须与安全标识同时使用，其基本形式是矩形。

补充标识与安全标识同时使用时可以连在一起，也可以分开。当横写时，应位于安全标识上方；当竖写时，应位于安全标识右侧。补充标识的写法如表8-9所示，设备上的补充标识如图8-19所示。

图8-19　设备上的补充标识

表8-9　补充标识的写法

补充标识的写法	横写	竖写
背景颜色	·禁止标识的补充标识用红色 ·警告标识的补充标识用白色 ·命令标识的补充标识用蓝色	白色
文字颜色	·禁止标识的补充标识用白色 ·警告标识的补充标识用黑色 ·命令标识的补充标识用白色	黑色
字体	黑体	黑体

8.4 将安全责任落实到位

"安全生产，人人有责"这一口号在企业中广为传播，标语遍布各个角落，然而，在实际操作中，这一原则的执行却常常流于形式，一旦事故突发，往往难以迅速锁定责任人。因此，在策划安全活动时，务必确保安全责任得到真正落实。一个有效的方法是组织一场庄重的宣誓大会，召集全体员工共同参与，营造浓厚的氛围。大会应尽可能隆重，邀请企业高层领导亲自出席，以此展现公司对安全生产工作的高度重视。

在宣誓大会上，要深入讲解安全的重要性，强调安全不仅是企业的生命线，更是每位员工的责任所在。要求从高层领导到基层员工，每个人都进行安全宣誓，将安全承诺转化为实际行动。同时，组织员工签署安全责任书，明确各自的安全职责，确保责任到人，形成全员参与、共同维护安全生产的良好局面。

下面是某企业各部门安全责任书，供读者参考。

【范本8-01】▶▶

安全生产第一责任人任命书

兹任命_____为_____厂_____部安全生产第一责任人。

签发人（总经理）：

公司盖章：

_____年__月__日

_____部安全生产第一责任人职责：

1.认真贯彻落实国家安全生产方针、政策，安全生产法律、法规，以及本公司的安全生产规章制度。

2.实行"谁主管、谁负责"的原则，对本部门的安全生产工作全面负责。

3.坚决履行本公司安全生产责任制，管生产必须管安全。

4.对本部门（车间）进行危险源的识别与评价，确定重大危险源及其控制措施。

5.按公司部署，组织制定本部门安全管理制度及安全技术操作规程和安全技术措施计划。

6.贯彻"五同时"原则，即在计划、布置、检查总结、评比生产工作的同时，同时计划、布置、检查、总结、评比安全工作。

7.组织各项安全生产检查，及时消除安全隐患。

8.组织制定并实施本部门（车间）的安全生产事故应急救援预案。

9.组织实施对本部门（车间）的生产设备、安全装置、消防设施、灭火器材、防护器材和急救器具安全检查，确保器材完好有效，疏散通道和安全出口畅通，并教育员工加强维护并正确使用器材、器具。

10.切实做好本部门员工安全上岗培训，工种转换培训，以及安全宣传工作。

11.发生事故后积极组织人员进行抢救，防止事故扩大，并及时、如实向安委会主任报告。

12.建立本部门安全小组，充分发挥车间和班组安全人员的作用；不违章指挥，不强令员工冒险作业。

13.制定并努力达成本部门年度安全生产目标。

14.积极配合公司安全生产委员会及安全办的安全管理工作。

15.公司第一安全责任人委托的其他安全生产工作。

本人同意接受上述任命，坚决履行本部门第一安全责任人职责，切实抓好管好本部门的安全生产工作。

签名：

日期：＿＿＿年＿＿月＿＿日

【范本8-02】▶▶▶

部门主管安全生产责任书

主管安全生产职责：

1.认真贯彻落实国家安全生产方针、政策，安全生产法律、法规，以及本公司的安全生产规章制度。

2.实行"谁主管、谁负责"的原则，对本部门或本车间的安全生产工作全面负责。

3.参与制定本部门安全管理制度及安全技术操作规程和安全技术措施计划。

4.实施各项安全生产检查，及时消除安全隐患。

5.切实做好本部门员工车间级安全上岗培训，工种转换培训，以及安全宣传工作。

6.发生事故立即报告，并指挥组织抢救，保护好现场，做好详细记录。

7.搞好生产设备、安全装置、消防设施、防护器材和急救器具的检查维护工作，使其保持完好和正常运行，督促教育员工正确使用劳动保护用品。

8.不违章指挥，不强令员工冒险作业。

9.本部门第一安全责任人委托的其他安全工作。

本人承诺：坚决履行上述安全生产职责和义务，认真抓好本部门或本车间安全生产工作。

签发人（部门安全生产第一责任人）：＿＿＿＿＿＿＿＿＿＿＿＿

责任人签名：　　　　　　　　日期：＿＿＿年＿＿月＿＿日

序号	姓名	工号	职位	签名

【范本8-03】▸▸▸

领班、班组长安全生产责任书

领班、班组长安全生产职责：

1.执行本公司和车间安全生产规定和要求，对本班组的安全生产全面负责。

2.组织员工学习并贯彻执行公司、车间各项安全生产规章制度和安全技术操作规程，教育员工遵守法纪，制止违章行为。

3.组织并加强安全活动，坚持班前讲安全、班中检查安全、班后总结安全。

4.负责对新老员工进行岗位安全教育。

5.负责班组安全检查，发现不安全因素及时组织力量消除，并报告上级。

6.发生事故立即报告，并组织抢救，保护好现场，做好详细记录。

7.搞好本班组生产设备、安全装置、消防设施、防护器材和急救器具的检查维护工作，使其保持完好和正常运行，督促教育员工正确使用劳动保护用品。

8.不违章指挥，不强令员工冒险作业。

9.本部门第一安全责任人委托的其他安全工作。

本人承诺：坚决履行上述安全生产职责和义务，认真抓好本班组安全生产工作。

签发人（部门安全生产第一责任人）：＿＿＿＿＿＿＿＿＿＿＿＿

责任人签名：＿＿＿＿＿＿＿＿＿　　日期：＿＿＿年＿＿月＿＿日

序号	姓名	工号	职位	签名

【范本8-04】▸▸▸

＿＿＿＿＿部员工安全生产责任书

员工安全生产职责：

1.严格遵守公司各项安全管理制度和操作规程，不违章作业，不违反劳动纪律，对本岗位的安全生产负直接责任。

2.认真学习和掌握本工种的安全操作规程及有关安全知识，努力提高安全技术。

3.精心操作，严格执行工艺流程，做好各项记录，交接班必须交接安全情况。

4.了解和掌握工作环境的危险源和危险因素，发现各种事故隐患时积极进行报告。

5.发生事故，要正确处理，及时、如实地向上级报告，并保护现场。

6.积极参加各种安全活动，发现异常情况及时处理和报告。

7.正确操作，精心维护设备，保持作业环境整洁、有序。

8.按规定着装上岗作业，正确使用各种防护器具。

9.有权拒绝违章作业的命令，对他人违章作业予以劝阻和制止。

本人承诺：坚决履行上述安全生产职责和义务，认真做好本岗位的安全生产工作。

签发人（部门安全生产第一责任人）：

责任人签名：　　　　　　　　　　日期：　年　月　日

序号	姓名	工号	工种	签名
1				
2				
3				
4				
5				
6				
7				
8				
9				
……				

8.5　安全教育要执行彻底

8.5.1　安全教育的目标

安全教育工作是企业安全管理的一项重要内容，是一项经常性的基础工作，在企业安全管理中占有重要地位，其目标是：

（1）提高企业员工的安全意识。

（2）帮助员工掌握安全知识和技术。

（3）实现全员安全管理。

安全教育展示如图8-20所示。

图8-20　安全教育展示

8.5.2　安全教育的体系

安全教育体系如图8-21所示。

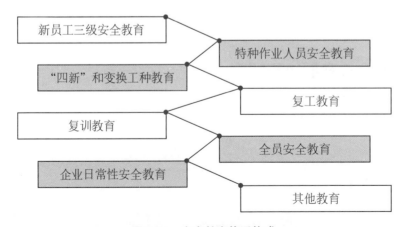

图8-21　安全教育体系构成

8.5.2.1　新员工三级安全教育

新入厂的员工在进入工作岗位之前，必须由厂、车间、班组对其进行劳动保护和安全知识的初步教育，以减少和避免由于安全技术知识缺乏而造成的各种人身伤害事故。新员工三级安全教育如表8-10所示。

表8-10　新员工三级安全教育

级别	说明	教育内容	责任部门
厂级	对新员工或调动工作的员工以及临时工、合同工、培训及实习人员等在分配到车间和工作地点之前的初步安全教育	（1）安全生产的方针、政策法规和管理体制 （2）工厂的性质及其主要工艺过程 （3）本企业劳动安全卫生规章制度及现状、劳动纪律和有关事故的真实案例 （4）工厂内特别危险的地点和设备及其安全防护注意事项 （5）新员工的安全心理教育 （6）有关机械、电器、起重、运输等安全技术知识 （7）有关防火、防爆和工厂消防规程的知识 （8）有关防尘、防毒的注意事项 （9）安全防护装置和个人劳动防护用品的正确使用方法 （10）新员工的安全生产责任制等内容	由厂人力资源部门组织、安全部门进行
车间	对新员工或调动工作的员工在分配到车间后，进行的第二级安全教育	（1）本车间的生产性质和主要工艺流程 （2）本车间预防工伤事故和职业病的主要措施 （3）本车间的危险部位及其应注意事项 （4）本车间安全生产的一般情况及其注意事项 （5）本车间的典型事故案例 （6）新员工的安全生产职责和遵章守纪的重要性	由车间主管安全的主任负责
班组（岗位）	对新到岗位工作的员工进行的上岗前安全教育	（1）工段或班组的工作性质、工艺流程、安全生产概况 （2）新员工将要从事岗位的生产性质、安全生产责任制、安全操作规程以及其他有关安全知识和各种安全防护、保险装置的使用 （3）工作地点的安全生产和文明生产的具体要求 （4）容易发生工伤事故的工作地点、操作步骤和典型事故案例介绍 （5）正确使用和保管个人防护用品 （6）发生事故以后的紧急救护和自救常识 （7）工厂、车间内常见的安全标识、安全色 （8）工段或班组的安全生产职责范围	由工段、班组长开展

8.5.2.2 特种作业人员安全教育

特种作业，是指容易发生人员伤亡事故，对操作者本人、他人及周围设施的安全有重大危害的作业。特种作业的内容如下。

◆电工作业。

◆金属焊接切割作业。

◆起重机械（含电梯）作业。

◆企业内机动车辆驾驶。

◆登高架设作业。

◆锅炉作业（含水质化验）。

◆压力容器操作。

◆制冷作业。

◆爆破作业。

◆矿山通风作业（含燃气检验）。

◆矿山排水作业（含尾矿坝作业）。

◆由省市、自治区、直辖市安全生产综合管理部门或国务院作业主管部门提出，并经国家经济贸易委员会批准的其他作业。

8.5.2.3 "四新"和变换工种教育

"四新"和变换工种教育，是指采用新工艺、新材料、新设备、新产品时或员工调换工种时（因为产品调整、工艺更新，必然会有岗位、工种的改变），进行新操作方法和新工作岗位的安全教育。"四新"安全教育由技术部门负责进行，其内容主要如图8-22所示。

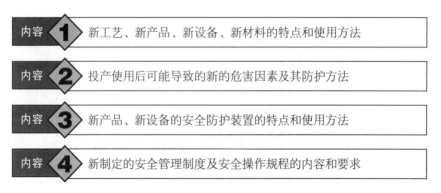

图8-22 "四新"教育的内容

"四新"和变换工种人员教育后要进行考试，合格后，要填写"'四新'和变换工种人员安全教育登记表"。

8.5.2.4　复工教育

复工教育是指职工离岗三个月以上的（含三个月）和工伤后上岗前的安全教育。教育内容及方法和车间、班组教育相同。复工教育后要填写"复工安全教育登记表"。

8.5.2.5　复训教育

复训教育的对象是特种作业人员。由于特种作业人员不同于其他一般工种，它在生产活动中担负着特殊的任务，危险性较大，容易发生重大事故。一旦发生事故，对整个企业的生产就会产生较大的影响，因此必须进行专门的复训教育。按国家规定，每隔两年要进行一次复训，由设备、教育部门编制计划，聘请讲师上课。企业应建立"特种作业人员复训教育卡"。

8.5.2.6　全员安全教育

全员安全教育实际上就是每年对全厂职工进行安全生产的再教育。许多工伤事故表明，生产工人安全教育隔了一段较长时间后对安全生产知识和意识会逐渐淡薄，因此，必须通过全员复训教育来不断强化职工的安全意识。

企业全员安全教育由安全技术部门组织，车间、科室配合，可采用定期举办安全报告会、演讲会等方式或班组安全日常活动等方式，由安全技术部门统一时间、学习材料，车间、科室组织学习考试，考试后要填写"全员安全教育卡"。

如图8-23所示为某企业开展安全生产管理培训。

图8-23　安全生产管理培训

8.5.2.7 企业日常性安全教育

企业经常性安全教育，包括定期的班组安全学习、工作检查、工作交接等教育；不定期的事故分析会、事故现场说教、典型经验宣传等教育；企业应用广播、电视、墙报等工具进行的安全宣传教育。

8.5.2.8 其他教育

其他教育具体如图8-24所示。

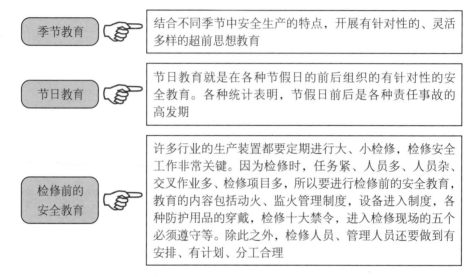

图8-24 其他教育的项目

8.5.3 安全教育的跟踪与管理

可以运用一些表格来进行安全教育的跟踪与管理。

（1）新进人员三级安全教育卡，如表8-11所示。

表8-11 新进人员三级安全教育卡

新进人员三级安全教育卡				代号		
				编号		
姓名		性别		年龄		录用形式	
体检结果				住址			
公司级教育（一级）	教育内容：国家、地方、行业安全健康与环境保护法规、制度、标准；本企业安全工作特点；工程项目安全状况；安全防护知识；典型事故案例等					
	考试日期				年 月 日	
	考试成绩		阅卷人		安全负责人	

工程公司级 教育 （二级）	教育内容：本车间施工特点及状况；工种专业安全技术要求；专业工作区域内主要危险作业场所及有毒、有害作业场所的安全要求和环境卫生、文明施工要求				
	考试日期				年 月 日
	考试成绩		主考人		安全负责人	
班组级教育 （三级）	教育内容：本班组、工种安全施工特点、状况；施工范围所使用工具、机具的性能和操作要领；作业环境、危险源的控制措施及个人防护要求、文明施工要求。				
	考试日期				年 月 日
	掌握情况		安全员		
个人态度					年 月 日
准上岗人意见			批准人		
备注					
注：调换工种或因故离岗六个月后上班时亦用此表考核					

（2）班组级安全培训签到表，如表8-12所示。

表8-12 班组级安全培训签到表

日 期		地 点	
参加人员	新入职员工	讲 师	

主要内容：

　本班组的生产在线的安全生产状况、工作性质和职责范围，岗位工种的工作性质、工艺流程，机电设备的安全操作方法，各种防护设施的性能和作用，工作地点的环境卫生及尘源、毒源、危险机件、危险物品的控制方法，个人防护用品的使用和保管方法，本岗位的事故教训

参加人员一览表							
序号	姓名	工号	工种	序号	姓名	工号	工种

（3）车间级安全培训签到表，如表8-13所示。

表8-13　车间级安全培训签到表

日　期			地　点		
参加人员	新入职员工		讲　师		
主要内容： 1.本车间的生产和工艺流程 2.本车间的安全生产规章制度和操作规程 3.本车间的劳动纪律和生产规则，安全注意事项 4.车间的危险部位，尘、毒作业情况；灭火器材、走火通道、安全出口的分布和位置					
参加人员一览表					
序号	姓名	工号	工种	序号	姓名	工号	工种

（4）厂级安全培训签到表，如表8-14所示。

表8-14　厂级安全培训签到表

日　期			地　点		
参加人员	新入职员工		讲　师		
主要内容： 1.安全法律法规　　4.消防安全知识 　　　　　　2.机械安全知识　　5.安全事故案例 　　　　　　3.电器安全知识　　6.职业病预防与劳动防护					
参加人员一览表					
序号	工号	姓名	部门	序号	工号	姓名	部门

8.6　安全检查要变成经常性的活动

8.6.1　建立完善的检查体系

完善的检查体系包括五个层面，如图8-25所示。

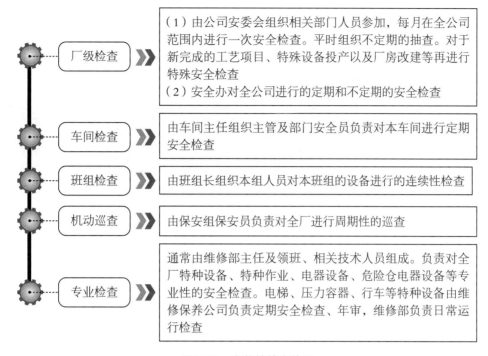

图8-25 完善的检查体系

8.6.2 检查频次

对于检查的频次也应事先确定下来，以便工作能按部就班地进行，具体内容如图8-26所示。

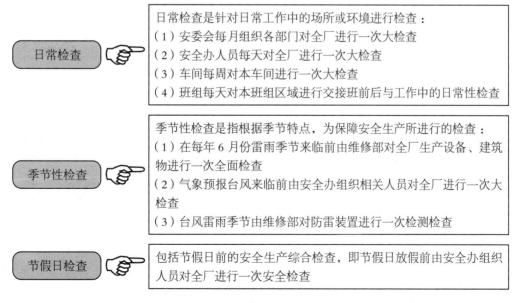

图8-26

机动检查 ☞ 机动检查是指对厂区范围的消防安全进行定期巡查：
（1）公司机动检查组在工厂正常上班时间必须每1小时对全厂巡查一次
（2）工厂夜间下班锁门后及节假日放假期间，必须每4个小时巡查一次，并做好检查记录

专业性检查 ☞ 指针对特种作业、特种设备、特殊场所进行的检查：
（1）维修部每年2次对本厂的电气线路进行检查
（2）各部门每年一次对设备安全进行检查或由使用部门委托外部供货商进行检查
（3）维修部对公司内的特种设备（机动叉车、储气罐、电梯、行车等）按照检测周期请检测机构进行一次检测
（4）公司内的防雷装置由维修部每年至少向防雷检测部门申请检测一次

不定期检查 ☞ 不定期检查是指对在运行中的机械设备、消防安全设施、作业中的人员、动火施工作业等不定期进行全厂性的安全检查
（1）该项检查一般由厂安全办负责，对全厂范围进行不定期检查
（2）部门车间安全员对本部门车间生产中的安全进行不定时检查

图8-26　各检查的检查频次

下面是某企业2025年安全检查计划范本，供读者参考。

【范本8-05】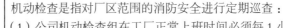

2025年安全检查计划

序号	检查形式	检查时间	检查人员	检查目的	检查内容
1	公司综合性安全检查	每月一次	安委会、部门负责人	对作业过程和作业环境的潜在危险、有害因素、状况进行检查，以便及时采取防范措施，防止和减少事故的发生	作业现场检查、操作人员安全检查、现场安全管理
2	专项检查	每月一次	安委会、部门负责人	对特种设备、起吊器具、移动电器线路、压力容器、水电气管网、危化品以及重大危险源等进行专项安全检查，防止和减少事故的发生	安全性能、使用存放、维护保养、定期检修、日常巡检等管理

续表

序号	检查形式	检查时间	检查人员	检查目的	检查内容
3	车间级安全检查	每月两次	车间负责人、安全管理员、各班组长	对生产过程及安全管理中可能存在的隐患、有害因素、缺陷等进行检查，以制定整改措施，消除或控制隐患及有害与危险因素，确保生产安全	作业人员安全职责，设备、工艺、电器、仪表、安全教育、关键装置及重点部位、特种设备等的管理
4	日常安全检查	每周一次	车间负责人、各班组长	以每周检查的方式保障现场作业持续、协调、稳定、安全进行	作业环境、安全管理、安全作业、岗位安全生产、安全意识行为及安全操作规程检查和巡回检查
5	夏季安全检查	6 月	安委会、部门负责人	确保夏季的安全生产环境和秩序，保障生产安全运行	防暑降温、防雷、防中毒、防汛等的预防性季节检查
6	秋季安全检查	10 月	安委会、部门负责人	确保秋、冬季的安全生产环境和秩序，保障生产安全运行	防火防爆、防雷电、防冻保暖、防滑等的预防性季节检查
7	节假日前安全检查	节假日前两天	安委会、部门负责人	保证节假日期间装置、设备、设施、工具、附件、人员等的安全状态	节假日前安全、保卫、防火防盗、生产物资准备、应急物资、安全隐患等方面的检查
8	节假日期间安全检查	节假日期间	值班人员	通过在公司节假日期间进行安全检查，保证假日后的正常生产	节假日期间防火防盗、物资安全等方面的检查
9	厂房、建筑物安全检查	12 月	安委会、部门负责人	对生产过程中使用的厂房和建筑物可能存在的隐患、有害危险因素、缺陷等进行检查，消除或控制隐患及有害与危险因素，确保生产安全进行	对生产过程中使用的厂房、建筑物可能存在的隐患、有害危险因素、缺陷等进行检查
10	安全设施、设备检查	6 月	安委会、部门负责人	保证各消防设施状态良好、安全可用	各种消防器材、设备的检查
11	职业卫生安全检查	11 月	安委会、部门负责人	保证作业场所的职业危害因素符合国家和行业标准，保障员工职业健康	

8.6.3 检查项目、内容及方法

安全检查项目、内容及方法如表8-15所示。

表8-15 安全检查项目、内容及方法

序号	检查项目	检查内容	检查方法
1	安全生产责任制	检查各部门、各级管理员和员工是否明确自身安全职责，是否履行自身的安全职责	检查文件资料、现场提问
2	安全操作规程	（1）检查是否建立各岗位安全操作规程或操作指引，员工对操作程序和要求是否明确 （2）员工是否有违章操作的行为现象	提问或检查培训记录，检查现场或记录
3	安全检查	检查是否建立各级安全检查组，各检查组是否按公司检查制度进行安全检查，是否及时落实安全整改	检查整改记录是否存盘
4	安全宣传教育	（1）检查新入厂员工是否已接受厂级与岗前培训 （2）检查特种作业人员是否持有效操作证上岗 （3）检查是否开展安全宣传教育活动	检查培训内容和记录，检查证件
5	用电安全	（1）各种电器设备档案是否齐全 （2）电器线路铺设是否规范，有无乱拉乱接现象 （3）绝缘导线外皮有无破损、老化现象 （4）临时线路电源线是否采用完整、带保护线的多股铜芯橡皮护套软电缆或护套软线 （5）漏电保护装置、开关等是否完整有效，指示是否正确，是否使用带保护接零极的插座（单相三孔、三相四孔） （6）保险丝是否按额定值选用，是否有用"非保险丝"代替的状况 （7）是否存在直接将导线插在插座上使用的现象 （8）有无接零或接地，保护接零或接地是否完好 （9）用电设备的绝缘电阻值是否符合规定，有无定期检查记录 （10）移动电器设备和手持电动工具是否装设漏电保护器，是否做到"一机一闸一漏"（一台用电设备必须配备专用的开关和漏电保护器） （11）移动电器设备和手持电动工具的防护罩盖、手柄及开关是否完好可靠、有无松动破损	检查图纸数据、运行使用记录、保养维修记录、故障处理记录，现场检查
6	机械设备	（1）是否建立机械设备及其各种保护装置使用管理制度 （2）现场设备前是否张贴安全操作规程或操作指引 （3）是否定期开展机械设备及其各种保护装置安全检查和维修保养 （4）是否填写机械设备安全运行（或上班前）交接班记录 （5）机械操作员是否经过培训并持有合格证上岗	检查检修保养、培训记录，现场抽查

序号	检查项目	检查内容	检查方法
6	机械设备	（6）冲压机等危险设备是否按规定配备安全防护装置，其防护装置是否可靠有效 （7）机械设备其运动（转动）部件、传动（传输）装置是否安装防护装置，或是否采取其他有效防护措施	检查检修保养、培训记录，现场抽查
7	作业环境	（1）通风、照明、噪声是否符合作业要求，通风、照明，屏闭设备、设施是否完好 （2）生产材料、半成品、成品和废料等有无乱堆乱放，过道和安全出口是否通畅 （3）生产区域地面是否平坦、整洁、功能区划分是否恰当 （4）作业台面设置和摆设是否合理，有无阻碍员工作业和紧急情况下的疏散行动	现场巡查

8.6.4　安全隐患的整改及处理

（1）通过检查发现安全隐患后，实时向安全责任部门及安全责任人下发"隐患整改通知书"。

（2）安全责任部门及安全责任人经接到检查组的"隐患整改通知书"后，必须及时对存在的安全隐患予以整改。

（3）检查组于整改期限到期内跟踪整改结果，如责任部门没按要求整改或拒绝整改的，将依据公司"安全生产奖惩制度"对相关安全责任人予以处罚。

8.6.5　检查用表格

为使检查规范化，可以结合企业的实际情况制定一些检查表。

（1）班组安全生产日常检查表，如表8-16所示。

表8-16　班组安全生产日常检查表

检查内容	____日		____日		____日		____日		____日	
	上午	下午	上午	下午	上午	下午	上午	下午	上午	下午
1.机械操作员是否违反操作规程										
2.机械危险部位是否有安全防护装置										
3.机械防护装置是否安全有效										
4.机械设备是否有操作规程标识										
5.员工是否按要求佩戴防护用品										

续表

检查内容	___日		___日		___日		___日		___日	
	上午	下午	上午	下午	上午	下午	上午	下午	上午	下午
6. 员工是否按要求着装										
7. 员工是否把饮水和食物带入车间										
8. 货物摆放是否整齐平稳不超高										
9. 货物是否堵塞灭火器材和通道										
10. 工作台电线、插头是否有裸露、脱落现象										
11. 测试仪是否有绝缘防护										
12. 员工工位是否被货物或台凳堵塞										
13. 车间照明、通风、温度是否正常										
14. 电源线路、开关是否正常										
15. 危险品是否贴有中文标识										
16. 是否有盖压力瓶装危险液体										
17. 危险品是否远离火源、热源										
18. 岗位上是否放有过量的危险品										
19. 电烙铁、风筒是否符合安全要求										
20. 员工是否经过岗位安全培训										
21. 员工是否违反工作纪律										
说明：请根据检查情况在"结果"栏内打"√"或"×"，有问题及时整改，并做好记录，如无法整改的要立即向部门主管报告，直到问题解决为止。										

班组负责人：_____部_____组

检查人：_____   部门安全员：_____

（2）车间级安全卫生检查记录表，如表8-17所示。

表8-17　车间级安全卫生检查记录表

类型	检查内容	存在问题	限期整改
电器设备	监时配线是否符合安全要求		
	是否有违章使用电器现象		
	电路是否超载		
	电烘箱、电烙铁的使用是否安全		
	电线是否有老化、裸露、脱落现象		
	电源插头、插座是否完好无松动		
	电制开关与线路设施是否安全		
	电器线路是否有接触水或其他液体		

类型	检查内容	存在问题	限期整改
消防设施	灭火器、消火栓是否正常按时检查		
	安全门是否正常开启，有无上锁		
	通道、安全出口和楼梯是否堵塞		
	走火图及通道指示是否清晰明显		
	消防设施是否被堵塞		
危险品管理	危险品是否贴有中文标识		
	危险品是否用有盖压力瓶装好使用		
	危险品是否远离火源、热源		
	危险品的储存、搬运是否安全		
	危险品是否有专人管理		
	危险仓是否有防静电接地设施		
	危险品抽风设施是否正常运行		
机械设备	机械设备是否有操作规程和警示标识		
	是否有安全装置且安全可靠		
	机械操作员是否按要求佩戴防护用品		
	机械设备是否定期维修保养并有记录		
	设备是否保持整洁、无油污和杂物		
环境卫生	地面是否有油污或水迹		
	车间天花板、门窗、台面是否整洁		
	粉尘、噪声区是否有警示提示		
	员工是否正确佩戴防护用品		
	台面设置是否合理，对员工工作或紧急疏散有无障碍，台凳有无损坏		
	车间或仓库是否有足够的照明和通风设备		
	车间是否有超标粉尘或有毒气体		
	员工饮水设施是否干净、卫生		
	厂房墙面是否出现裂缝或天花板脱落		
	急救箱内药品是否齐全且与清单相符		
	是否配备了专职急救员管理药箱		
管理与纪律	组长是否及时纠正员工的不安全行为		
	组长是否经常对本组实施安全检查		
	员工是否遵守工厂劳动纪律		
	员工是否正确着装和佩戴工帽		

续表

类型	检查内容	存在问题	限期整改
管理与纪律	是否有员工在车间、洗手间、楼梯间、天台等场所抽烟		
	动火作业是否申报且符合动火要求		
	其他安全问题		
货物储存	货物的存放是否分类，有无混放现象		
	货物摆放是否符合五距安全要求		
备注	检查人员签字： _____年__月__日	整改意见： 部门主管签字： _____年__月__日	

（3）厂级安全生产检查记录表，如表8-18所示。

表8-18　厂级安全生产检查记录表

被检查部门：_____　　安全生产责任人：_____

检查时间：____年__月__日

检查内容（在□内打"√"或"×"）：

1.员工车间级安全培训、岗前培训、工种转换培训、复工培训及建档情况。　　□

2.安全生产规章制度及岗位安全操作规程执行情况。　　□

3.车间安全自查情况。　　□

4.安全员的工作执行情况。　　□

5.特种作业人员现场操作管理情况。　　□

6.危险设备、设施安全防护装置和完好情况。　　□

7.员工劳动防护用品配备和正确使用情况。　　□

8.危险化学品安全使用情况。　　□

9.危险设备、设施设置安全警示、标识情况。　　□

10.用电安全管理情况。　　□

11.通风、照明、通道、安全出口等作业环境安全管理情况。　　□

12.消防器材、设施的检查和管理情况。　　□

13.危险仓管理情况。　　□

14.车间、楼道、工作台卫生清洁情况。　　□

15.各种电器设备、电器开关、电器线路的安全情况。　　□

16.其他安全情况：　　□

续表

存在的主要问题：	
整改建议：见"安全隐患整改通知书"	
检查组人员签字： _____年__月__日	安全生产责任人签字： _____年__月__日

（4）专业组安全检查报告，如表8-19所示。

表8-19 专业组安全检查报告

被检查部门：_____ 安全生产责任人：_____ 检查人员：_____ 检查时间：___年__月__日
检查内容（在□内打"√"或"×"）： 1.电器设备、电器线路、电器开关的安全情况。 □ 2.压力容器、燃油炉安全情况。 □ 3.特种作业人员现场操作情况。 □ 4.发电机安全运行情况。 □ 5.电梯安全操作及运行情况。 □ 6.化学危险品仓的管理情况。 □ 7.化学危险品日常使用情况。 □ 8.其他安全情况。 □
存在的主要问题：   安全生产责任人签字：   _____年__月__日

（5）安全隐患整改通知书，如表8-20所示。

表8-20 安全隐患整改通知书

编号：

_____部 　　　安全办于___年__月__日对你部门进行安全检查时，发现你部门存在以下安全隐患： 1._____ 2._____ 3._____ 4._____ 5._____ 　　　　　　　　　　　　　　　　　　　　　　　　　　检查人：_____
请你部收到该通知书__日内对以上问题进行整改，整改期限到期后安全办将对整改结果进行复查。 　　特此通知！ 　　　　　　　　　　　　　　　安全生产管理委员会 　　　　　　　　　　　　委员/安全主任：_____、_____、_____ 　　　　　　　　　　　　　　　　　　　　　　　___年__月__日
整改措施：   　　　　　　　　　　　　　部门主任/主管：_____ 　　　　　　　　　　　　　　　　日期：___年__月__日
复查结果： 　　已按要求完成整改：□ 　　未按要求完成整改：□ 　　　　　　　　　　　　　复查人员：_____ 　　　　　　　　　　　　　　　　日期：___年__月__日

第9章

素养（Shitsuke）的实施

素养是推进6S管理的关键。

提升素养不仅是推行6S的最终结果，更是企业各级管理者期待实现的最终目标。如果企业里的每一位员工都有良好的习惯，并且都能遵守规章制度，那么管理者一定会非常轻松，工作指令、现场工作纪律、各项管理工作都会很容易落实并取得成效（见图9-1）。

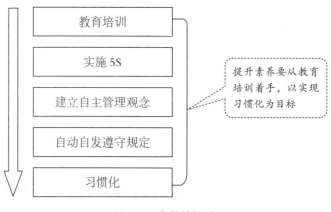

图9-1　素养的提升

9.1　素养的执行流程

素养的执行流程如图9-2所示，素养标语如图9-3所示。

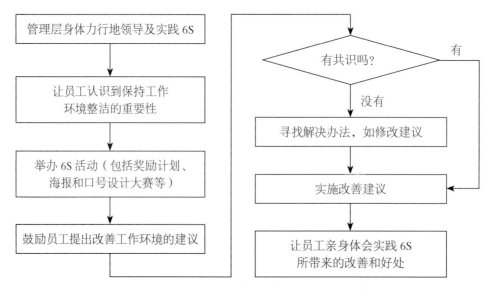

图9-2　素养的执行流程

图9-3 素养标语

9.2 继续推动前5S活动

整理、整顿、清扫、清洁、安全（前5S）是基本动作，也是手段，主要借这些基本动作或手段来使员工在无形中养成一种保持整洁的习惯。通过前5S的持续实践，可以使员工实际体验"整洁"的作业场所，从而养成爱整洁的习惯。如果前5S没有落实，则第6个S（素养）就没有办法达成。

9.3 制定相关的规章制度并严格执行

企业制定的各种规章制度，包括操作规范、用语、行为、礼仪和着装等员工守则，都是员工的行为准则，应达成全员共识，形成企业文化的基础，帮助员工提升素养。对于仪容、仪表甚至可以用图表的形式展示出来，如图9-4至图9-7所示。

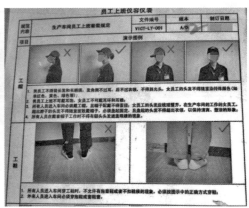

图9-4 规章制度贴上墙

图9-5 同一工种服装统一

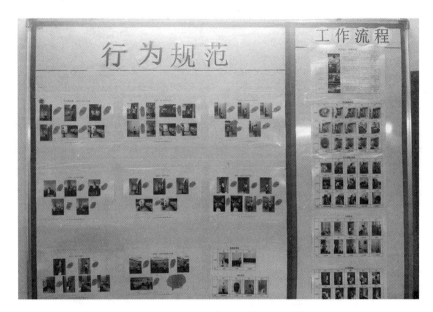

图9-6　行为规范、工作流程上墙

图9-7　制度上墙

规章制度只要一经制定，任何人都必须严格遵守，否则就失去了其制定的意义。当一个破坏规则的人出现后，如果没有及时给予相应的处罚，连续破坏规则的现象就会不断出现。

9.4　加强员工教育培训

公司应向每位员工强化遵守规章制度与工作纪律的意识，并营造一个风清气正的工作氛围。若大多数员工能践行此要求，个别员工及新员工便会摒弃陋习，向积极面转变。这一过程不仅能促进员工养成制定与遵守规章的习惯，还能转变其自私观念，增强员工对团队、公司及同事的热情与责任感，如图9-8所示。

图9-8　激励人心的宣传语也是训练

培训可分岗前培训和在岗培训。

9.4.1　岗前培训

岗前培训就是上岗之前的培训。岗前培训是提升素养的第一个阶段，从新员工入厂的那一天起就应该开始，不论是技术人员、管理人员，还是作业人员都必须接受培训。岗前培训包括以下几个方面的内容，如图9-9所示。

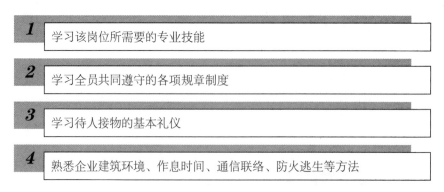

1　学习该岗位所需要的专业技能

2　学习全员共同遵守的各项规章制度

3　学习待人接物的基本礼仪

4　熟悉企业建筑环境、作息时间、通信联络、防火逃生等方法

图9-9　岗前培训内容

9.4.2　在岗培训

在岗培训是指为了提高员工的工作技能，在员工完成工作的同时，接受各种有针对性的培训活动。

在岗培训是将员工素养提升到更高层次的重要手段，且不能限制在作业技能的提高上。不同岗位的在岗培训其侧重点各不相同，常见的在岗培训方法有以下几种，如图9-10所示。

1 相同岗位间的信息横向交流，参观、评比，先进带动后进

2 同一员工在不同工作岗位上轮训

3 外出参观、研修，获取新知识、新观点、新方法

4 在岗培训就某一主题展开活动，如体育活动、演出活动、社交活动等

图9-10　在岗培训方法

9.5　开展各种提升素养的活动

9.5.1　早会

早会是一个非常好的提升员工文明礼貌素养的平台。企业应建立早会制度，这样有利于培养团队精神，使员工保持良好的精神面貌。

早会原则上应于每天正常上班前10分钟开始，一般控制在5～10分钟。早会宜做以下规定：

（1）参加早会人员应准时。

（2）参加早会人员应服装整洁，正确佩戴厂牌，如图9-11所示。

图9-11　某企业早会现场

（3）精神饱满，列队整齐。

（4）指定早会主持人员或以轮值主持的方式进行。

（5）早会主持人员针对工作计划、工作效率、产品品质、工作中应注意的内容、公司推行事项等进行简要的传达和交流。

某企业的早会场景如图9-12至图9-14所示。

图9-12　某小区物业服务人员晨会　　　　　图9-13　保洁班晨会

图9-14　晨会中进行礼仪训练

对于早会，应以制度的形式规范下来。

【范本9-01】►►

每日早会管理制度

一、早会的目的

为提高员工的素质，加强规范化科学管理，营造"每天一总结，每天一反省，每天一进步"的工作氛围，促进"日事日毕，日清日结"的落实执行，以提高工作效率，决定在全公司推行早会制度。

二、早会时间

每周一早晨上班前10分钟为早会时间，休息日或节假日除外。

三、早会地点

本公司生产车间门口。

四、早会的组织

生产部经理带领车间班组长轮流主持。

五、早会内容及程序

（1）主持人先召集人员列队集合，整队后问候大家"早上好！"，与会人员回敬"早上好"。

（2）总结评点上一周生产、工作情况。

①表扬生产工作好的方面。

②报告上一周生产（工作）任务和质量效率情况。

③点出存在的不足、强调需要大家注意和改进的具体方面。

（3）安排本周的工作：对生产品种及质量技术要求作出精细安排和说明，将任务细化、责任到人，提出工作纪律和生产要求。

（4）进行思想教育；让员工分享工作经验、体会与感悟。

（5）进行简要的技术培训，如现场管理、安全生产等。

（6）贯彻公司上级其他指示。

六、要求与处罚

（1）主持人严肃认真，一丝不苟，不能走过场。

（2）对迟到、无故缺席早会者，罚款20元；对早会主持人不认真组织、走过场、图形式的罚款50元。

9.5.2　征文比赛

开展6S活动征文比赛，可加深广大员工对6S活动的进一步理解和认识，使每位员工分享6S活动所带来的成就感，从而有利于活动更持久、有效地开展。

以下是一份征文安排，供参考。

【范本9-02】▶▶▶

关于开展6S征文大赛的通知

全体同事：

为了进一步宣传6S理念，推进企业6S认证制度，加强企业6S管理，提高员工综合素质，使大家对6S有更加全面、深刻的认识，经研究决定，在全公司范围内开展一次6S征文活动。

一、征文主题

以"我与6S"为主题，可叙述6S活动中的感人事迹，可畅谈推进6S的感受，可阐述对6S理念的新认识，对推进6S活动的好建议等。文体不限，题目自拟，字数在1500左右（诗歌在30～50行）。打印稿用16开或A4纸，书写稿用16开稿纸。在题目下方正中署明部门、班组、姓名（须手写）。

二、奖项设置

一、二、三等奖各1～2名、3～5名、5～8名。

三、投稿办法

作品直接送6S推进委员会。

四、投稿截止时间

××月××日

×××× 年 × × 月 × × 日

9.5.3 6S知识竞赛活动

开展6S管理知识竞赛活动，目的是在全公司范围内强化宣传、普及6S管理知识，营造良好的6S推进氛围，为员工提供一个直接参与和展示学习成果的机会，交流学习6S管理推进的先进经验，强化6S管理意识，深化全体员工对6S管理内涵的理解。

对该活动的开展要有组织地进行，在开展之前须制定活动方案。

【范本9-03】 ▶▶

"6S"知识竞赛活动方案

公司总部、××事业部、××事业部：

为营造全员参与6S活动的良好氛围，提高员工的参与程度和意识，培养员工的良好习惯，逐步营造一目了然、高效率的管理环境，经公司研究决定，举办首届6S知识竞赛，现将知识竞赛活动方案公布如下。

一、时间安排

拟定于8月举行。

二、队员组成

总部及各事业部各组织2个代表队参加，每队由3人组成。

三、比赛规则

1. 由各队领队抽签决定分组。

2. 竞赛题型包括必答题、抢答题和风险题三种。

3. 必答题包括参赛队"指定必答"和"共同必答"两种，答题时间30秒。"指定必答"由各参赛队的每名选手按座次依次回答，每轮每队的每名队员独立回答一题，其他队员不得补充或帮助，共进行1轮。每题的分值为10分，答对加10分，答错或不答的不得分。"共同必答"由每个代表队依次选题回答，每题的分值为10分，答对加10分，答错或不答的不得分。

4. 抢答题共24题，每轮8题，由主持人读完题并说"开始"后，参赛队员方可按抢答器进行抢答，答题时间不得超过30秒，答对一题加10分，答错或超时，每题扣10分，主持人未读完题或未说"开始"就按抢答器的，扣10分，且该题作废。

5. 风险题由各队自行选择答题分值，答题时间为1分钟（也可放弃答题）。答题顺序按当时得分由高到低顺序排列（如出现同分，按抽签顺序排列）。题目分值与难度相对应，分别为10分、20分和30分，由任意一名队员回答，其他队员可以在规定的时间内予以补充。答对加相应的分值，在规定时间内答题内容不完整、答错题或不答倒扣所选题目相应的分值。放弃答题不扣分。

6. 竞赛中如有名次并列且影响到决定胜出队的情况时，将对名次并列的队采取加赛抢答题的方式决出名次。加赛中先得分者胜出，答错者直接出局，加赛题目分值为10分。

7. 本次竞赛每支队伍基础分为100分，由主持人当场判定加分或减分。主持人不能确认参赛选手回答是否正确时，请评委会现场裁定。评委会的现场裁定为最终裁定。

8. 为了扩大参与面，调动现场气氛，穿插观众有奖竞答，分两轮，共12题，答对题的观众可获得纪念品。

四、要求

1. 总部、××事业部、××事业部代表队人员名单请于8月5日前报总经办。

2. 每个代表队上场三名选手，要求统一着厂服，参赛选手在竞赛中途不得随意退场。

3. 各参赛队按抽签确定的上场次序依次入座，并由主持人向观众介绍。

4. 参赛选手要集中注意力听主持人读题，如主持人读题不清楚，选手可以要求复读一遍（竞答题除外）。参赛队员答题时必须口齿清楚，讲普通话，声音响亮，以便主持人和评委评判。

5. 允许商议时，由参赛选手在台上讨论决定，其他人员不得在台下指挥。

6. 比赛不得作弊。凡发现参赛队员在赛台出现翻阅资料等舞弊行为时，每出现一次倒扣20分。

五、奖项设置

一等奖一名，二等奖两名，优秀奖三名。

六、组织领导

活动由总经办组织，总部制造部、××厂务科、××总经办协助举办。

9.5.4 6S之星评选活动

6S之星的评选活动可以在全公司范围内举行，从而起到工厂的点宣传与公司的面宣传，达到点面结合的宣传效果。

【范本9-04】▶▶▶

"6S之星"评选方案

1. 目的

为更好推行6S管理体系营造氛围，巩固以前6S推行的工作成果，并进一步维护公司的形象，特拟订此评选活动方案。

2. 职能

2.1 主任委员：审批、监督、确认实施细则及审核修改等。

2.2 各分厂厂长及车间管理：车间管理负责向员工宣导此标准并配合标准实施，厂长负责监督各车间管理的宣导工作。

2.3 推行干事：对评比结果统计、组织委员会讨论审核、组织颁奖事项。

2.4 各委员：在检查中要做到公平、公正、公开，记录要具体详细。负责对评比结果进行民意调查并提出意见。

（1）工厂周例会上公布获奖者名单。

（2）工厂每个管理看板进行通报表扬，并适当给予物质奖励。

3. 评选对象

工厂全体员工。

4. 评选期限及名额

每月一次、总名额14名。

5. 评比程序

5.1 召开该标准实施的动员大会。

5.2 6S委员每周两次定期检查，推行干事对结果进行整理。

5.3　车间主任每月19日把推荐的员工名单报到推行干事处。

5.4　每月推行委员会人员将不定时到车间调查和了解情况。

5.5　推行干事根据调查实情及一个月的总体情况来进行整理工作并完成确定名额、上报和公布等事项。

5.6　在周例会上进行颁奖（证书、奖品等）。

5.7　对评选结果进行存档管理工作。

6. 评选标准草案

6.1　能模范遵守公司的各项规章制度，服从上级领导指挥、团队意识强。

6.2　所属部门（车间、班组）成员无受到工厂任何处分。

6.3　评选时分三个部分进行，具体是生产车间为第一部分；仓库、调油室、刀模室、晒丝棚、两个打样室为第二部分；办公室为第三部分。

6.4　各部分名额以第一部分为10名，第二部分为2名，第三部分为2名。

6.5　车间整月的平均分排在前六名且月平均分不低于95分，坚持宁缺毋滥原则。

6.6　能悉心听取6S委员对现场的整改意见。

6.7　能履行好6S推行委员会的决议。

6.8　车间员工参与评选时以每个车间管理推荐（1～2名）的同时6S委员会要对被推荐者进行民意调查并加以考核确认。

6.9　对6S工作提出建设性意见者。

6.10　积极配合6S检查工作，没有重复不良项。

6.11　6S培训学习认真，考试优秀者。

6.12　对于6S月平均分没有达到前六名的车间，各车间主任也可推荐（1～2名）在车间里对6S推进工作表现突出的员工参加"6S之星"评选，但车间管理者不能参加。6S推行委员会将酌情从中挑选出额外3名"6S之星"。

6S推行委员会
年　月　日